철학과 음악 사이

천재 음악가와
철학자의
운명적 교집합

송하영 지음

철학과 음악사이

2025
문화체육관광부
중소출판사 도약부문
제작지원 사업
선정작

[추천사]

철학과 음악 사이는 성찰의 결과물입니다.

황준원
강원대학교 의과대학 정신건강의학교실 교수

음악과 예술, 그리고 정신분석적 정신 치료는 대중의 눈에 보이지 않는, 무의식적이면서 추상적인 대상을 깊은 이해와 주관적인 해석을 통해 보다 구체적으로 가공하여 보여준다는 공통점이 있을 것 같습니다. 피아니스트 송하영은 2004년 콘서트 피아니스트로 데뷔한 이후 꾸준한 연주 활동과 더불어 일련의 '클래식 테라피'를 주제로 한 강연으로 음악을 둘러싼 심리학적, 철학적 성찰을 제시한 바 있습니다. 이번에 발간하는 저서 『철학과 음악 사이』는 그간의 성찰에 대한 결과물로 시대와 문화를 대표하는 작곡가의 대표적 작품들이 어떠한 철학적 배경을 가졌는지 그리고 개인의 정신적 욕망과는 어떻게 연결되는지를 깊게 다루어 흥미롭게 보았습니다.

저는 제 전공과 관련된 프로이트의 이론과 더불어 쇤베르크의 음악을 통해 현대인의 고독을 다룬 부분을 특히 흥미롭게 보았습니다. 개인적인 체험으로는 쇤베르크를 한동안 복잡하고 뭔가 마음을 불편하게 만드는 현학적인 음악을 만드는 사람으로 치부하다가, '구레의 노래'나 '정화된 밤' 같은 작품을 통해 그래도 들을 만한 선율이 있는 후기 낭만주의의 정수를 보여주던 그가 어떤 계기로 그런 극단적 변화를 갖게 된 걸까 궁금해하던 중,

우연히 비인 레오폴드 박물관에서 그가 직접 그린 여러 점의 자화상을 보면서 비단 음악뿐만 아니라 그림에서도 이론과 사상이 극단적으로 바뀌면서 표현의 방식도 완전히 바뀐 것을 느꼈고 그렇게 생각이 바뀌게 된 원인은 무엇일까 혼자 궁금해 한 적이 있습니다.

이에 대해 송하영은 지그문트 프로이트의 이론을 연대기적으로 제시하며 사이사이에 동서양 철학을 넘나드는 다양한 담론을 가미하면서 그 답을 찾아갔습니다. 쇤베르크의 '무조음악'을 감상하면서 우리가 느낄 수밖에 없는 불편함과 공포 그리고 음울함은 인류가 각자의 존엄을 찾아 실존하고자 하는 실존주의에 대한 대가라는 것을 책을 통해 알게 되면서 그간 제가 막연히 단편적으로 궁금해하던 것에 대한 답을 얻었습니다.

이 책을 관통하는 철학 그리고 동시대의 음악 작품을 통한 다양한 반응 도식을 통해 저뿐만 아니라 여러 독자께서도 개인적, 사회적 무의식을 비추는 거울로써의 철학과 음악의 동행을 새롭게 자각할 기회가 되었으면 합니다.

[프롤로그]

철학과 예술, '아폴론과 디오니소스'의 동행

시간은 흐른다.

'순간'이라는 절대 미분의 찰나들이 마치 원래 하나의 덩어리였다는 듯 물줄기를 이루어 유려하게 흐른다.

철학은 그 흐르는 시간을 얼린다. 유려하게 한 덩어리로 흐르는 시간을 절대미분의 순간순간으로 쪼개고 나누어 얼린다. 차갑게 얼려 멈춰진 그 찰나의 순간들을, 철학은 냉정히 바라본다. 하여 철학은 환희를 결코 허락할 수 없다. 차가운 냉정과 뜨거운 환희는 함께일 수 없는 운명이니까.

예술은 그 얼었던 시간을 다시 녹인다. 때론 유려하게 한 방향으로 도도하게 흐르는 장강의 물결과도 같은 물줄기의 방향을 앞으로도, 뒤로도, 혹은 제자리에서 계속 빙글빙글 소용돌이치도록, 그렇게 붙잡아 매어 두기도 한다. 과거, 현재, 미래, 그 모든 순간을 예술은 오직 뜨겁게 살 뿐이다. 마치 그 모든 순간이 '지금'인 것처럼.

철학의 시간은 '수직'으로 흐른다. 차갑게 얼어 멈춰선 찰나의 순간들이, 책꽂이에 가지런히 꽂힌 책들처럼 꽂힌 채 나열되어, 언제든지 필요한 순간을 마치 책 한 권을 꺼내듯, 그렇게 소환할 수 있도록 하나하나 잘 정리해 둔다.

감각을 결코 허락하지 않는 개념.
개념을 반드시 허락해야만 하는 감각.

왜 피아니스트인 나는 철학을 공부하고 있을까.
그 질문으로부터 이 책은 시작한다.

실체가 없는 시간 예술, 음악

음악은 그 모양이 없다.
형상을 갖지 못한 음악은 고로 세상에 머물 수도 없다.

동양의 유가 철학에서는 이에 대해 설명하기를, 음악은 하늘의 이치를 담고 인간의 정서를 교화하며 자연과 함께 조화를 이루는 수단이라 했다. 유학의 오경 중 하나인 『예기』악기 편에는 음악에 대해 '하늘로부터 기원하여 사람에게 의탁하고, 자연에 머문다.'고 정의했다.

음악이란 본질적으로 소리라는 비물질적 매체를 통해 전달되는 예술이어서 회화나 조각처럼 물리적 형태를 보이지 않는다. 하여 '소리'란 어디서 온 것인지 그 근원을 알 수도 없다. 그렇게 어디서 온 것인지도 모를 '소리'는 오직 연주되는 그 순간에만 존재할 수 있기에 전적으로 '사람'(연주자)에게 의탁할 수밖에 없으며 (사람에 의해 연주된 소리는) '파장'으로 남아, 비록 찰나일지나 자연(공간) 속에 머문다는, '소리예술'이자 '시간예술'인 음악에 대해 내린 정말 정확한 철학적 정의이자 아주 탁월하고 아름다운 해석이다.

또한 공자도 '논어'에서 이르길, 음악이란 '예의'와 '화합'을 배울 수 있는 유일한 학문이라고 말했을 만큼, 동양철학에서는 음악이 '예술'로서 가진 가치와 능력 그리고 효용을 일찌감치 인정한 반면 서양철학

속에서 음악은 그렇지 못했다. 서양철학 속 음악은 예술적 가치로서의 그 가진 입지가 시작부터 매우 초라했다.

심포지엄, 예술은 사랑이다

고대 그리스의 철학자 플라톤은 여러 철학자와 함께 논한 담론을 담은 '심포지엄'에서 사랑에 대해 다음과 같이 논했다.

> "태초에 두 개의 세계가 있었다. 하나는 변화무쌍하고 불완전한 유한의 '현실' 세계였고, 다른 하나는 완전하고 영원불변한 '이데아'의 세계였다. 우리의 영혼은 본래 이데아에 속한 존재였으나 알 수 없는 이유로 갑자기 이 불완전한 현실의 세계에 떨어져 육신을 입고 살아가게 되었다. 그러므로 인간은 본능적으로 원래의 본향인 이데아를 갈망하여 반드시 찾아 나서게 되어있다. 인간의 영혼이 어이없이 잃어버린 본래의 자리, 이데아를 찾아가는 그 거룩한 여정이 바로 '사랑'이다. 이데아를 향한 갈망의 여정, 즉 '사랑'은 고통으로 가득한 이 불완전한 현실의 세상 속에서 우리에게 완전한 것을 조금이나마 경험하게 해 주는, 그런 기적의 여정인 것이다."

플라톤의 철학에서 **사랑**이란 단순히 남녀 간의 혹은 어떠한 관계에서 인간이 느끼는 감정이 아닌, 진리를 추구하고 탐닉하여 그 과정에서 영혼을 단련하고 훈련하는, 노력과 성장의 **'여정'**이었다. 그러므로 플라톤에게 사랑은 인간의 영혼을 더 높은 경지로 이끄는 중요한 원동력이었다. 하여, 사랑을 '한 영혼의 거룩한 순례의 과정'이라 논한 플라톤은, 예술을 '사랑의 신' 에로스에 빗대어 자주 언급했다. 플라톤이 생각한 예술은 거룩한 순례의 여정, 곧 사랑이었다.

에로스의 키스로 되살아난 프시케,
안토니오 카노바 조각, 1793, 루브르 박물관 소장

고대 그리스 미술에서 '에로스'는 날개 달린 청년 혹은 어린아이가 화살을 지닌 모습으로 묘사되어 나타난다. 신화 속 에로스는 화살을 갖고 사랑을 관장했는데 그 화살에는 두 가지가 있었다고 한다. 하나는 '금 화살'로 욕망을 불러일으킬 수 있었고 다른 하나는 '납 화살'로 혐오를 불러일으킬 수 있었다. 그러하다 하니 사랑의 신 에로스가 어떤 화살을 쏘느냐에 따라 통제 불가능한 욕망의 소용돌이에 휩쓸릴 수도, 혹은 혐오가 넘치는 저주의 늪을 허우적거릴 수도 있는 것이다.

사랑의 신 에로스

'향연'의 플라톤이 '아리스토파네스'의 연설에서 말한 대로, 예술이 정말 이렇게 욕망과 저주, 사랑과 혐오를 관장하는 신 에로스가 낳은 산물이라면 **예술** 또한 어떤 화살을 맞느냐에 따라, 즉 어떻게 예술에 대해 정의를 내리고 어떤 방식으로 감상하느냐에 따라, 마음속에 뜨거운 사랑과 삶으로의 욕망이 될 수도, 혹은 부질없는 혐오가 되어 그저 무용한 것으로 전락할 수 있다.

따라서 예술이 인간의 감정을 그토록 한계선 없이 욕망과 혐오 그리고 염세 사이를 마구 소용돌이치도록 그저 방관할 수만은 없는 노릇일지니, 사람이 그러하듯 예술도 인간의 사회 안에 존재하기 위해선 반드시 그 사회적인 룰을 지켜야만 했다.

고대의 철학자들이 생각한 예술의 사회적 룰은 무엇이었을까.

바로 '미메시스'다!

미메시스

'**모방**'이란 뜻을 가진 '미메시스'가 아름다운 예술 작품 안에서 갖는 역할과 의미는 '현실의 이상을 작품 안에 담아 다시 실현해 내는 것'이다. 다시 말해 어떠한 상황이나 장면을 예술가만의 독창적인 시각을 담아 해석하여 인간의 마음에 감동과 성찰을 안겨주는 '이데아'를 작품으로 구현해 내는 것이다. 예술가는 자신의 감정과 해석을 담아 '자신만의 작품'을 만들어내되 반드시 그 본질은 현실에 기반을 두어야만 한다고 플라톤은 그의 저서 '국가'에서 말했다(그리하여 플라톤은 그의 후기 철학에서 예술을 '거울'에 자주 비유했다. 무언가를 고스란히 비추는 역할을 가진 '예술이란 거울'은 그 앞에 선 인간과 사회에 반성 혹은 성찰이나 사유를 감상이란 이름하에 반드시 제공해야만 한다고.)

플라톤의 후기 철학에 따르면 예술이란 인간의 감정을 무한히 자극할 수 있기에 자칫 냉철한 이성을 방해할 수 있고, 이성을 방해받은 인간은 결국 타락하게 마련이며, 타락한 인간은 공동체인 시민들의 정신을 걷잡을 수 없이 교란할 것이므로, 이는 이상적인 국가를 형성하는 데에 거대한 방해 요소가 될 것이라고 했다. 하여 '미메시스'를 실현하지 못하는 예술은 오히려 해악이 된다고 보았다.

단순한 미학자이기보다 이상적인 국가의 건설을 위한 사회 정의와 질서를 더욱 중요하게 생각한, 정치 철학자로서의 플라톤이 할 수 있는 마땅한 생각이었다고 본다.

그러나 음악은 형태가 없는 청각 예술이기에 현실에 대한 명확한 이데아를 담아 다시 재현해 낼 수가 없다. 아울러 연주가 되는 그 순간에만 감상이 가능한 '시간 예술'이라는 점에서 곁에 두고 언제 어느 때든 사회 구성원 모두가 쉽게 감상할 수도 없다. 그것이 고대 서양 철학자들이 음악을 예술의 한 장르로 받아들일 수 없었던 가장 큰 이유였다.

서양철학에서 음악이 가진 (좁고 낮은) 입지는 시간이 아주 오래 흐른 후의 상황이라고 크게 달라진 바는 없었다.

'판단력 비판'이란 저서를 남긴 독일의 철학자 임마누엘 칸트

(Immanuel Kant, 독일, 1724~1804)는 '믿거나 말거나지만' 음악이란 그저 **'냄새'**와 같다고 말했다고 한다. 말인즉슨 같은 공간에 있는 누군가 방귀를 내뿜으면 그 냄새가 싫다고 안 맡을 수는 없듯이 누군가가 일정 반경 내에서 소리를 내기 시작한다면 "듣기를 원하지 않는다고 해서 피할 도리가 없이 그저 들을 수밖에 없다"라는, 그런 다소 불쾌한 뜻을 가진 의미의 말이었다.

칸트가 했다고 전해져 내려오는 저 말을 정말로 그가 했는지 안 했는지 그 진위여부를 우리는 알 수 없으나 실제로 그는 '판단력 비판'이란 그의 책에서 "청각이란 촉각과 더불어 인간이 가진 감각 중 가장 하위 개념의 감각이며 가장 낮은 미적대상"이라 했다. 시간예술인 음악은 청각의 자극을 통해 얻는 '일시적인 쾌감'에 불과하며 오로지 감각에만 의지한 일회성의 예술이므로, '두고두고 여러 번 감상하면서 깊은 사유를 유도할 수 있는 문학이나 미술에 비해 매우 열등한 예술'이라 평했다.

오랜 시간 머물 수 없고, 형태를 보이지 못했다는 이유로 예술이 갖춰야 할 최대의 덕목인 미메시스를 실현해 낼 수 없었던 음악은 예술이란 범주 속 다소 하위개념에 위치하며, 고작 풍악을 울리는 역할로서 '일회성 흥'의 개념으로, 약간은 하찮게 서양 철학 속에 오랫동안 존재해 오다가, 1788년에 이르러서야 독일에서 출생한 철학자인 쇼펜하우어(Arthur Schopenhauer, 독일, 1788~1860)에 의해 그 예술적 가치와 역할, 그리고 능력을 '철학적'으로도 마침내 인정받게 된다.

쇼펜하우어는 그의 저서 『의지와 표상으로서의 세계』에서 음악만이 '영혼의 가장 깊은 곳에 도달할 수 있게 하는 유일한 힘'이라 단언했다. (나중에도 다시 자세히 언급하겠지만) '형태를 보이지 못하는 시간예술'이라는 음악의 유일한 단점이 오히려 '형태가 없기에' 더욱 감정의 본질에 집중할 수 있도록 한다는 강력한 장점으로 바뀌는, 참으로 '위대한 역설의 순간'이었다.

쇼펜하우어와 비슷한 시대를 살았던 니체(Friedrich Wilhelm Nietzsche, 독일, 1844~1900) 역시 『비극의 탄생(음악의 정신으로부터)』이란 그의 저서에서 예술, 그중에서 특별히 음악을 가장 높은 경지의 예술이라 했다.

음악만이 디오니소스가 낳은 진정한 '비극'이라고 했다.

디오니소스의 비극, 그 비극이 낳은 황홀

니체의 철학에서 디오니소스는 곧 비극이다. 그가 생각한 비극의 개념을 의인화한 신(神)인 '디오니소스'는 그리스 신화에 의하면 신들의 왕인 제우스와 아름다운 여인(인간) '세멜레' 사이에서 태어났다.

하지만 감히 인간의 몸으로 신의 아이를 가진 세멜레를 제우스의 아내인 헤라가 용서할 리가 없었다. 세멜레는 헤라의 질투와 노여움을 받아 죽음을 피할 수 없었으나 아직 뱃속의 태아였던 디오니소스는

'헤르메스'가 겨우 구해내어 제우스의 허벅지로 옮겨주었다. 그렇게 태아였던 디오니소스는 아버지인 제우스의 허벅지에서 남은 달을 모두 다 채우고 다시 태어났다. 탄생부터 디오니소스는 비극이었다. 죽음을 딛고서도 기어이 태어나고야 만, 비극.

올림포스의 신 중 유일하게 인간의 몸에서 생명의 싹을 틔운 디오니소스는 또한 **다산**과 **풍요**를 상징하는 신이자 **기쁨과 광란**, 그리고 **황홀경**의 신이요, 또한 포도주를 만들어 낸 **술**의 신이기도 하다.

디오니소스가 포도주를 만들게 된 경위도 실로 흥미롭다. 진심으로 사랑했던 사티로스(반인반수)인 '암펠로스'가 어느 날 예상치도 못한 순간에 갑자기 요절하자 깊은 슬픔에 빠진 디오니소스는 걷잡을 수 없는 눈물을 흘렸고 그 눈물을 맞은 포도가 포도주가 되었다는 것이다.

포도와 포도주 잔을 들고 있는 디오니소스

술의 신, 디오니소스는 매일 자신이 흘린 눈물을 마셨다.
자신의 눈물을 마시며 스스로 빠져드는 환락은 차라리 환각이었다.

디오니소스는 신 中의 신, 제우스의 아들로 태어났다. 제우스가 부정을 저질러 낳은 아들이므로 어머니의 배가 아닌 제우스의 허벅지에서 태어났다고 하는 신화를 그림으로 표현한 작품, 디오니소스는 두 번 태어난 신, 수태한 몸에서 한 번, 그리고 제우스의 허벅지에서 비로소 탄생한 또 한 번.

질투에 사로잡힌 헤라의 계략으로 말미암은 세멜레의 죽음, 사랑하는 제우스의 번개를 맞고 죽음을 맞이한 비운의 세멜레.

또한 디오니소스는 하늘이 아닌 땅의 신 '지신(地神)'이었다. 모친이 인간이었던 디오니소스는 필연 태생적으로 신계보다 인간계에 더 밀착된 본성을 가졌을 것이 자명하므로 그가 관장하는 다산과 풍요, 그리고 기쁨의 능력을 오직 신들의 행복을 위해서만 쓰지 않았다. 인간들도 그 거대한 행복의 물결에 동참할 수 있도록 자신이 가진 모든 능력을 아낌없이 썼다. 신계와 인간계의 경계 없이 흐르는 다산과 풍요 그리고 기쁨. 그 거대한 행복의 원소들이 빚어낸 '사랑'의 황홀경. 니체가 논한 '디오니소스 정신'이 바로 이것이다. 인간이 가진 원초적이며 본능적인 감성의 무한한 발산, 그 거침없는 발산이 마침내 황홀경에 닿는 것.

풍요와 과잉에서 비롯된 사랑의 황홀, 그 아름다운 잉여는 아이러니하게도 오히려 고통을 낳았다. 고통의 소용돌이에서 벗어나고자 자신이 흘린 눈물로 빚은 포도주를 마시며 자신을 구원하기 위해 애를 쓰던 디오니소스의 만취한 환락은 하여 통제가 필요했다. 환락이 그저 환락이 아닌 아름다운 구원이 되기 위해선 모든 것들을 합리적이며 미학적으로 아름답게 배열하고 정리하는 것이 필요했다. 지와 절제, 이성의 신 아폴론과의 동행은 그렇게 시작된 것이 아닐까. 디오니소스와 아폴론, 서로 전혀 다른 둘의 동행이 말미암은 완벽한 예술로서의 음악을 니체는 지극히 경배했다.

'철학과 음악 사이, 그 운명적 교집합'에 대하여

나의 개인적인 생각으로 철학과 예술의 관계 역시 이 아폴론과 디오니소스의 관계와도 같지 않을까 한다. 서로 얼굴만 맞대면 으르렁대기 바쁘기만 한 남녀로부터 인류는 끊임없이 이어져 내려오는 것이듯, 언제나 반목하는 남녀가 결국은 늘 함께이듯, 이성적 학문인 철학과 감성을 대변하는 예술이 동행할 때 예술은 더욱 완벽해지고 철학은 더욱 풍요로워진다.

고대 서양 철학자들의 생각처럼 예술의 제1 덕목이 '미메시스'라면 예술은 반드시 사회를 비추는 거울이어야만 한다. 그리고 철학은 그 예술을 여과 없이 다시 비춰주는, 서로는 서로에게 그렇게 '거울'로서 동행한다.

불같은 기개와 감가 그리고 감정의 소용돌이가 예술이라면, 그 예술이 세상을 왜곡하여 비추는 거울이 되지 않도록 다시 예술을 여과 없이 비춰주는 냉정하게 얼어버린 거울의 표면, 그것이 바로 철학이다.

철학이 결여된 예술은 겨우 **향락**에 불과할 뿐이다.
그리고 예술이 결여된 철학은 **냉소**에 불과하다.

인간은 철학과 예술을 결코 거부할 수 없다.

모든 인간은 그 본성의 밑바닥에 자기만이 알고 있는 은폐된 상처를 쌓아둔다.

"그러한 상처는 기형을 만든다. 이러한 기형화가 소위 성실하거나 유능한 성격을 만들기도 하지만 또한 우둔함도 초래하는 것이다. 우둔함은, 성격 발달의 정체가 초래된 경우 성격적 결함이나 시야가 좁고 무기력한 예외적 성격을 만들 수도 있지만, 그러한 상처가 내부에서 암세포와 같은 증식을 하면 사악하거나 반항적이거나 편벽증적인 성격을 만들어낼 수도 있다. 폭력을 경험하면 선한 의지도 나쁜 의지가 된다. 터부시된 질문뿐만 아니라 금지된 흉내, 금지된 눈물, 금지된 무모한 장난 같은 것도 그러한 상처를 남길 수 있다. …… 한 인간 내부에 있는 눈먼 지점들은 희망이 정지된 지점들로서, 이 화석화된 희망이 보여주는 것은 살아 있는 모든 것은 굴레를 벗어버릴 수 없다는 것이다."

_테오도어 아도르노 『계몽의 변증법』中 가장 마지막 문단

그 누구도 사는 날 동안 그 상처를 거부할 수 없으며 꽃길만 걷는 인생은 그 어디에도 없다. 삶으로부터 기인한 상처를 우리는 반드시 치유해야 하고 그 상처로부터 기인한 고통과 스스로 화해하는 끝도 없는 과정을 반복해야만 하는, 인생이란 누구에게나 그런 나날인 것이다.

상처는 반드시 치유되어야만 한다. 은폐하여 방치된 상처는 반드시 흉터가 된다. 흉터는 희망을 정지시키고 그 정지된 지점에서 화석화된 희망이 보여주는 건 살아있는 모든 것은 ('상처의 반복일 뿐인 삶'의) 굴레를 결코 벗어날 수 없다는 절망뿐이다. 흉터는 절망이 된다. 절망한 영혼은 결코 단 한 순간도 더 버틸 수가 없다.

그러니 우리는 우리의 상처가 '우둔한 자국'이 되어 은폐된 흉터로 남도록 방치해선 아니 된다. 저 깊은 본성의 밑바닥에 켜켜이 쌓아둔 은폐된 상처가 치유되지 못한 채 흉터로 남아 우리를 절망에 가두지 않도록, 우리는 상처를 오히려 들춰내어 오롯이 직면해야 한다. 치유를 위한 첫걸음은 바로 그렇게 상처를 마주하는 것이다.

적막, 그리고 고독

스스로 영혼의 깊숙한 심연을 바라볼 수 있도록 과거라는 거울 앞에서는 이 의문스럽고 고통스러우면서도 낯선 행위를 위한 시간, 세상의 모든 번잡한 쳇바퀴에서 벗어나 일상의 소리 혹은 자연의 소리마저 모두 거부한 채 오로지 자신의 치유를 위해 지난날의 나를 보여주는 거울 앞에 서는 이 거룩한 시간은 '적막'일 것이다.

그저 절대 무상의 지경으로 거울 앞에 서서 과거의 상처받은 나를 혹은 그때의 내 상황을 객관적으로 마주 보는 시간은 떠들썩한 시간

중에는 결코 이뤄질 수 없다. 고요 속에 갇힌 적막일 것임은 어찌 보면 당연한 일이다. 그러나 적막은 반드시 고독을 불러오며, 고독은 다시 또 다른 상처가 된다.

때로 나를 가두는 고독의 적막에서 회상의 거울을 바라보는 그런 치유 대신 우린 예술을 감상하고 철학을 사유할 수도 있다. 예술과 철학은 고독한 인간의 가장 좋은 친구가 된다.

세상이 점점 더 좋아지고 있다. 이토록 좋아진 세상은 인간을 오히려 더욱 외롭게 할 뿐이다. 인간은 어쩌면 친구마저 필요로 하지 않는지도 모른다. 언제든 말만 걸면 대화를 나눠주는 인공지능 덕분으로 더욱 그러하다.

관계는 인간에게 큰 행복을 가져다주기도 하지만 인간이 겪는 고통의 대부분 또한 이 관계에서 오기도 하니 최첨단 기술과 동행하는 이 인공지능 시대에 고립과 고독은 인간이 갖춰야 할 오히려 필수 덕목일지도 모르겠다. 언제든 대화할 수 있는 인공지능이 있는 한 고독과 외로움은 더 이상 인간을 위협할 수 없다. 스스로 고립되기를 선택하여 자발적으로 고독에 빠진 인간은 결핍을 결코 알 수 없다. 결핍은 무언가를 애타게 갈망하는 자만이 가질 수 있는 오히려 특권이다. 기술의 발전으로 인간은 갈망할 필요가 없어졌으니 결핍 또한 함께 사라졌다. 결핍이 사라진 그 자리엔 무엇이 들어섰을까.

예술은 결국 소멸할 거라고 철학자 헤겔은 예언했다. 시간이 흐르면 흐를수록 인간은 우상향의 그래프를 그리면서 결국 완전한 인간을 실현할 거라고, 그렇게 완전에 가까워진 인간은 결국 예술을 필요로 하지 않을 거라고.

작금의 현실 역시 헤겔의 예언과 비슷하게 흘러가고 있다. 철학과 예술이 점점 소멸하고 있는 것이다. 그러나 작금의 '철학과 예술의 소멸'은 너무나도 두렵다. 소멸의 원인이 철학과 예술의 무용함에 있지 아니하기 때문이다. 다만 더 이상 아무도 철학과 예술을 필요로 하지 않는다는 것에 그 깊은 우려가 있다.

반성과 사유를 멈춘 인류에게 철학과 예술은 무의미하다.

순간의 쾌락, 본능의 충족에만 집중하는 사람들. 그것만이 자신의 삶을 위로하는 유일한 치유의 수단이 될 거라고 착각하는 이 수많은 사람. 그리하여 그 수많은 사람의 삶이 착각에 사로잡힌 채 희망이 말소된 좌절의 페이지가 되지 않도록 일조하는 마음으로 나는 이 책을 쓴다.

철학과 예술이 상처받고 고통스러운 모든 영혼의 안전하고 유익하며 또 유일한 자신의 구원이 되기를 기도하면서.

송하영

 차례

[추천사] 철학과 음악 사이는 성찰의 결과물입니다. … 4

[프롤로그] 철학과 예술, '아폴론과 디오니소스'의 동행 … 6

Ⅰ. 숭고함이란 단어의 두 가지 다른 정의 **칸트와 베토벤**
  임마누엘 칸트의 숭고함 … **29**
  루트비히 반 베토벤의 숭고함, 교향곡 9번 … **45**

Ⅱ. '기도하는 인간'의 관념론적 예술철학 **헤겔과 바흐**
  게오르크 빌헬름 프리드리히 헤겔의 관념론적 예술론 … **61**
  요한 세바스찬 바흐의 신앙 고백적 음악, 마태 수난곡 … **73**

Ⅲ. 의지의 표상으로서의 세계, 그리고 음악 **쇼펜하우어와 바그너**
  아르투어 쇼펜하우어, 의지의 표상으로서의 세계 … **85**
  리하르트 바그너, 구원의 형이상학으로서의 음악 … **97**

Ⅳ. 외면당하는 세상의 한가운데서 자유를 외치다 **니체와 비제**
  프리드리히 빌헬름 니체, 비극마저 사랑한 초인의 철학 … **111**
  조르주 비제, 자유와 욕망을 지켜낸 초인의 음악, 오페라 카르멘 … **141**

Ⅴ. 현대인의 고독을 분석하다 **프로이트와 쇤베르크**

　지그문트 프로이트, 분열된 자아를 분석하다 … **151**

　아놀드 쇤베르크, 12음 기법으로 고립된 자아를 음악에 녹이다,
　달에 홀린 피에로 … **179**

Ⅵ. 존재가 '거주'하는 가옥, '언어' 거주의 지평을 넓히는, '음악'
하이데거와 스트라빈스키

　마르틴 하이데거, 언어는 존재의 집 … **201**

　이고르 스트라빈스키, 존재의 거주, 그 지평을 넓히다, 시편 교향곡 … **217**

Ⅶ. 고통을 해석하는 철학, 고통과 화해하는 예술
테오도어 루트비히 비젠그루트 아도르노

　계몽된 폐허 속 예술의 저항, '예술, 사회를 비추는 거울이 되다!' … **229**

　[에필로그] 철학과 음악 사이
　'존재의 밝음 안에로의 탈존'은 인간을 인간이게 한다. … **258**

I

숭고함이란 단어의 두 가지 정의
칸트와 베토벤

임마누엘 칸트의 숭고함

임마누엘 칸트
(Immanuel Kant, 독일, 1724~1804)

임마누엘 칸트는 철저한 원리원칙주의자였다.

정언명령으로 유명한 그의 철학을 살펴보면 그가 원리원칙주의자였다는 것에 그 누구도 이견을 달 수 없을 것이다. 정언명령은 그 자체로 하나의 법칙이므로 어떠한 전제조건을 달거나 가정하는 것을 허락하지 않는다. 그냥 반드시 그렇게 해야 한다는 것이다. "사람이 사람을 수단으로 삼을 수 없고 오직 목적으로 대해야 한다."라는 것이나 "내가 원해서 행하는 모든 행위는 반드시 사회상규를 벗어날 수 없다."라는 등의 그의 철학 이론은 그 어떤 예외나 단서를 붙일 수조차 없다.

철저한 이성의 산물로서의 그의 철학은 굳이 '먼저' 체험하고 난 후 경험으로 깨닫지 않고도 우리는 이미 많은 것을 이성을 통한 성찰로써 더 '먼저' 알 수 있다고 주장했다.

칸트는 '선과 도덕' 또한 '이성'의 산물이라고 생각했다.

서양의 다른 많은 철학자도 '선과 도덕'에 대해 각자 자신만의 여러 시각을 제시했다. 영국 출신 철학자 데이비드 흄(1711~1776)은 이성은 객관적인 판단만을 할 수 있을 뿐 이성을 통해 '선과 도덕'을 판단할 수는 없다고 생각했다. 흄에게 '선과 도덕'은 **감정의 산물**이었다. 이타적인 마음과 타인을 긍휼히 여기는 마음이 동하여 취하게 되는 행동의 산물이 바로 도덕이라 했다. 여기엔 각자 주관적인 판단에 따라 도덕의 기준이 개인마다 완전히 달라진다는 단점이 생긴다.

인간의 감정이 주관적인 것이어서 믿을 수 없는 것이라면, 인간의 이성은 객관적인 것이어서 과연 믿을 수 있는 것일까. 이에 대해 논한 사람이 있다. 바로 독일의 신학자이자 철학자인 마르틴 루터(1483~1546, 독일)다. 루터는 '이성은 악마의 창녀'라는 유명한 말을 했다. 우리가 알고 있는 다양한 지식은 자신을 합리화하는 것에 주로 쓰이며 누군가의 죄를 증명해 내기 위한 단죄의 도구로도 종종 쓰이기 때문에 인간의 이성은 때때로 매우 사악하여 절대로 믿을 것이 못 된다고 주장했다. 나는 이 의견에 매우 동의하는 바이다. 가끔 TV로 보는, 뉴스에 출연한 변호사들의 논리를 들을 때 나는 루터가 말 한 '이성은 악마의 창녀'라는 말을 종종 실감하기도 한다. 그들은 정말 많은 공부를 하고 수많은 실전 경험을 가진 말 그대로 전문가 중의 전문가들이지만 그들의 이성, 즉 지식은 올바른 곳과 정의로운 곳을 위해서만 작동하진 않는다. 때로 그들은 말도 안 되는 상황을 변호하기 위해 더 말이 안 되는 논리를 가져와 그들의 이성이 가진 힘을 말도 안 되는 것이 말이 되도록 하기 위해 아낌없이 쓴다. 이성도 많은 순간, 객관적이지 않으며, 악을 위해 종사할 때도 슬프지만 허다하다.

하여 감성보다 이성을 더 믿지 못했던 루터는 흄과 마찬가지로 도덕을 감정의 산물로 보았으나 신앙적인 잣대를 더 강하게 들이민 것이 흄과는 다른 점이라고 할 수 있겠다. '신이 인간에게 하사한 십계명에 의해 움직이는 인간의 감정'이 곧 도덕의 기준이라는 것인데, 그의 직업이 종교인이자 신학자라는 것을 고려하면 당연히 이해하지 못할 바는 아니나, 그럴 때는 도덕의 기준이 서로 다른 종교를 가진 이 나라와 저 나라가 서로 달라질 수밖에 없는 치명적인 허점을 피할 수가 없다. 그러나 도덕과 윤리의 가치는 범인류적인 것이므로 문화나 종교, 혹은 지역에 따라 그 기준이 달라지는 것은 절대 옳지 않다.

동양철학에서는 어땠을까. 성리학에서는 도덕을 감정이나 이성의 산물이라기보다는 인간 본성 속에 있는 도덕적 이치(理)의 자연스러운 발현으로 이해하였다. 즉 사람이라면 누구나 반드시 도덕적인 능력을 마치 본능처럼 타고났다는 것이다. '사단칠정론'은 이를 설명하는 대표적인 이론으로, 사단(측은지심側隱之心, 수오지심羞惡之心, 사양지심辭讓之心, 시비지심是非之心)은 인간의 본성에서 우러나는 도덕적 직관이고, 칠정(희노애구애오욕 喜怒哀懼愛惡欲)은 인간이 삶을 살아가며 경험하는 자연스러운 감정들이다. 마치 숨 쉬듯 자연스럽게 발현되는 자성적(自性的)인 실천으로서의 도덕.

도덕은 사회적인 의식이다. 고로 혼자 동떨어져 사는 삶을 위해서라면 굳이 생각할 필요조차 없는, 도덕이란 '타인'에 대한 일종의 '의무'인 것인데, 인간이 갖춰야 할 도덕적 근간과 원칙의 철학적 견해를 엄격한 '이성의 산물'로 내어놓은 칸트의 유토피아는 아마도 많은 사람들이 서로에게 실례하지 않으며 피해를 주지 않는, 각자 따로, 또 같이 함께 어울려 분란 없이 사는 평화로운 세상이었을 것 같다.

그러한 상상으로 칸트의 예술관을 미루어 짐작한다면 혹시 그는 예술마저도 인간들의 평화로운 유토피아를 위해 어쩌면 '도덕적으로 존재'해야 한다고 생각한 것은 아니었을까.

칸트의 예술관은 도덕주의적이었을까.

도덕주의 예술 - 예술은 도덕적일 수 있을까?

2020년, 한 대형 수능 입시학원에서 '생활과 윤리' 과목을 강의하는 아주 유명한 일타 강사가 칸트와 관련한 지문에 관해 설명하면서 칸트의 예술철학을 '도덕주의'로 설명했다고 하여 여기저기서 매우 시끄러웠던 적이 있었다.

강사는 말하길, **"예술이 도덕에 기여하고, 미는 도덕성의 상징이며 도덕성의 실현에 기여할 수 있다"**라는 지문을 근거로 들어 칸트의 예술관이 도덕주의를 표방한다고 학생들에게 설명했다고 한다.

강사는 왜 그런 설명을 한 걸까.

먼저 그 출처를 알아보자면 아마도 칸트의 '판단력 비판'이란 책일 것임이 분명하다.

칸트를 흔히 '비판의 철학자'라 부른다. 그는 총 3권의 책을 '비판 시리즈'로 썼는데 『순수이성 비판』, 『실천이성 비판』 그리고 마지막으로 이 『판단력 비판』이다. 칸트는 '예술'에 관한 미학적 견해를 판단력 비판이란 저서에서 유일하게 기술하였기에 아마 강사가 답한 말의 근거는 이 '판단력 비판'일 것임엔 의심의 여지가 없다. 이 '판단력 비판'의 〈미와 도덕성〉이란 장을 보면 '아름다운 것은 도덕성의 상징'이란 말이 나오긴 한다. 그리고 그러한 요구를 충족할 때 아름다움이 모든 사람의 동의를 얻을 수 있으며 만족감을 줄 수 있다고도 나오긴 한다.

'아름다움'이란? 무관심적인 즐거움, 목적 없는 합목적

칸트는 '도덕'에 대해서는 예외 없는 법칙(정언명령)을 제시하면서 감정보다는 이성을 더 강조하는 원칙적인 도덕론을 펼쳤던 것에 반해 미학적인 것까지 그럴 이유는 절대 없다고 했다. 아름다움이란, 즉 그러한 아름다움을 추구하는 예술이란 반드시 **무관심적인 즐거움**이어야만 하고 **목적 없는 합목적성**이어야만 한다고 했다.

'무관심적인 즐거움 그리고 목적 없는 합목적'이란. 그 말인즉슨 예쁜 것엔 아무 이유가 없다는 말이다. 어떠한 전제조건이나 이해타산 없이 아름다움 자체만으로 이미 그 목적에 합당하다는 것이다.

고로 칸트의 예술은 '무언가를 비추는 목적으로서의 거울'이 아닌 '스스로 반짝이는 거울'이 된다. (목적 없는 합목적에 합하기 위해 존재 자체로 이미 합목적해야만 한다.) 다만 그 아름다움이 결과적으로 선한 결과를 가져올 뿐이라는 것이다.

반면, 칸트의 철학과는 완전히 다르게 예술의 미학적인 성격은 반드시 선한 목적을 가져야만 한다고 한 철학자도 물론 있다. 바로 플라톤이다.

고대 그리스의 철학에서는 '미'와 '선'을 애초에 하나로 묶어 통합하여 생각했다. 미와 선은 동일하나 그 개념을 달리할 뿐이라고 보았다.

플라톤은 이에 대해 설명하기를 "모든 예술가는 만물을 질서에 따라 규명하여 한 부분이 다른 부분과 조화를 이루고 서로 일치하도록 규칙적이고 또 체계적으로 전체를 아름답게 구성하여 완성해야 한다. 이것이 과연 선한 목적이겠느냐, 악한 목적이겠느냐?"라며 아름다움이 '목적으로' 갖춰야 할 덕목이 바로 '선함'이라고 가르친 것이다.

동양철학에서도 플라톤과 비슷한 생각을 찾을 수 있다.

동양미학의 근간을 세운『예기』중 최초의 악론서인 〈악기〉편을 보면 음악을 '예의'에 빗대어 설명했다.(이는 공자의 '논어'를 봐도 비슷하다. '모두가 함께 화합하는 것'과 예의를 배우고 익히는 데 있어 음악만큼 좋은 것이 없다는 말은 논어에도 자주 등장한다.) 예의가 곧 도덕은 아니지만 함께 살아가는 세상을 위해 존재하는 '인간의 도리'라는 전제하에 이를 연관하여 이해해 보자면, 예와 악은 불가분의 표리 관계다. 예의 덕목은 서로를 공경하는 것에 있고 음악의 덕목은 모두를 화합하게 하는 것에 있다. 그리하여 음악은 감동뿐 아니라 만물이 질서 있게 조화로이 어울리도록 하는 것에 그 존재 의미가 있으며 그렇게 많은 사람이 공통으로 느낀 하나의 감정이 같은 감동으로 이어진다면 하나로 통일된 감정은 서로를 화합하게 하여 결국 세상이 평화롭게 된다는 것이다.

목적 없는 합목적성을 가장 잘 설명해 주는 꽃

그러나 칸트는 그렇게 생각하지 않았다. 예술의 미학적 성격이 반드시 어떠한 목적을 가져야 할 이유는 없다고 본 것이다. 나도 일정 부분은 칸트의 철학에 동의하는 바다. 아름다움이 인간의 감성을 긍정적인 방향으로 움직여 이상을 향해 나아가는 계기를 제공한다는 측면에서 예술의 긍정적인 영향과 도덕적 선이 상호 보완을 하는 관계라는 것에 나도 매우 동의한다는 말이다. 꽃이 아름다운 것엔 아무런 목적이 있을 수 없지만(목적 없는) 아름답다는 그 목적을 이룬(합목적) 꽃을 보는 사람들은 당연히 기분이 흐뭇하고 좋을 것이니 결국 아름다움이 인간에게 미친 영향이 나쁠 것은 없다는 생각에 나도 동의한다는 말이다.

그러나 예술이 반드시 순수한 아름다움이어야만 하고 그 목적과 결과 또한 반드시 '선'을 지향해야 한다거나 혹은 아름다움으로 말미암은 감상의 결과가 당연하게 '선함'으로 귀결될 수밖에 없다는 의견에까지 완전히 동의하기는 어렵다.

순수한 아름다움은 도식화되기 쉽고, 도식화된 아름다움은 어떠한 고정화된 미의 기준을 대중의 인식 속에 심어줄 수 있다는 점에서 일면 매우 위험하다. 순수하게 아름답다는 명제가 자칫 미에 대한 고정관념으로 정립될 수 있고 그렇게 도식화된 아름다움은 결국 아무 의미가 없다. 그저 무용하고 식상하다.

또한 음악과 예술을 감상한 결과가 많은 사람들을 하나의 감정으로 묶어 '선과 도덕'의 지향에 일조해야 하는 것이라면 그러한 감상은 자칫 일관된 감상을 강요하는 '선동'이자 '폭력'이 될 수도 있음을 알아야만 한다.

아울러 순수한 아름다움은 외부로부터 발생할 수 있는 모든 변수로부터 철저히 보호받아야만 그 아름다움이 안전하게 유지될 수 있다. 그러한 아름다움은 마치 유리 상자 안의 꽃송이와도 같아서 아무런 힘을 갖지 못하고 힘이 없는 아름다움은 애석하게도 인간의 진심을 움직이기 어렵다. 아울러 유리 상자 속에 갇힌 꽃송이의 아름다움은 그 누구와도 혼연일체 되지 못한다는 치명적인 단점도 가지고 있다. 작품과 멀찌감치 떨어진 채 제삼자적 시각으로 감상하는 예술은 감상자에게 작품과 함께 물아일체 되는 예술적 경험을 선물하기 매우 어렵다는 측면도 칸트의 '목적 없는 합목적성'이 지닌 너무도 치명적인 단점이다.

예술은 살아있을 때 아름답다. 예술이 살아있는 생명체가 되었을 때 감상자는 비로소 작품을 '존재'로 느낄 수 있으며 예술이 존재로 감상자에게 다가갔을 때 작품과 감상자는 마침내 교감할 수 있다. 작품이 살아있는 '존재'가 되어 나에게 다가왔을 때. 바로 지금, 여기, 이 순간. 그것을 우리는 '아우라'라고 부른다.

아우라(Aura)

독일의 철학자 발터 벤야민(Walter Benjamin, 독일, 1892~1940)이 창안한 개념인 "아우라(Aura)"란 예술 작품이 지닌 고유한 '존재의 숨결'이다.

예술 작품은 예술가의 창작으로 그 의미와 생명을 얻어 마침내 살아 숨 쉬는 '존재'가 되고 그 존재가 갖는 생명력을 감상자와 함께 공유하는 찰나의 감동이 바로 '아우라'다. 예술 작품이 지닌 고유한 여기 그리고 지금.

이 세상에 단 하나뿐인 어떤 존재가 내게 말을 걸어오는 벅찬 설렘, 다시는 오지 않을, 결코 반복될 수 없는, 지금 이 순간 단 한 번의 만남, 단 하나의 현존, 단 한 번의 뜨거운 공존, 그 아우라를 잃어버린 아름다움은 결코 예술일 수 없다. (아우라는 훗날 기술의 발전으로 인해 너무도 쉽게 자주 자행되는 복제로 상실된다. 단 하나의 숨결, 단 한 번만의 만남이 대량 복제로 인해 무너지게 되면서)

아우라가 작품이 가진 고유한 숨결이라 한다면 생명을 가진 존재가 반드시 규격화된 아름다움을 가져야 할 이유는 없다. 또한 존재는 아름다움이나 선한 영향력에서만 나타나지도 않는다.

때로 슬픔은 슬픔으로 치유가 된다. 악을 통해 선이 통찰되기도 하며 추악함을 통해 아름다움이 규명되기도 한다.

칸트는 이러한 점을 간과한 듯하다. 그리하여 훗날 음악을 전공한 철학자 테오도르 아도르노(1903~1969, 독일의 철학자이자 음악대학에서 작곡을 전공한 전문 음악가, 그리고 미학자)는 칸트의 '예술은 스스로 빛나는 거울'이란 말을 정면으로 비판했다. 아도르노에게 예술이란 스스로 빛나는 거울이 아닌 '사회와 인간을 비추는 분명한 역할을 가진' 본연의 목적을 달성하는 거울이었다.

원리 원칙을 중시한 철학자 칸트에게 있어서 철학은 이성의 산물이요, 예술은 '목적 없는 순수한 아름다움'이었지만 1900년대 유럽에서 유대인으로 태어나 운명적으로 나치에 맞서 살아갔어야만 했던, 영원한 방랑자의 운명을 짊어진, 고독한 철학자이자 스스로 예술가였던 아도르노에게 철학은 삶의 고통을 해석하는 '고통의 해석학'이요, 예술은 그 '고통과 화해'하는 하나의 모델이었으니, 시대와 상황 그리고 운명마저 달랐던 두 철학자의 생각이 이렇게 차이를 보이는 것은 어찌 보면 당연하고 또 무엇이 정답이라 단언할 수도 없다.

궁극의 아름다움 - 숭고함

칸트의 미학과 예술론을 거론할 때 이 '숭고함'이라는 단어를 빼고 설명할 수는 절대 없을 것 같다. 칸트는 숭고함을 가장 궁극의 아름다움으로 여겼다. 숭고함은 거대함이다. 거대한 자연현상이라든지 압도적인 규모의 미술작품이라든지 거대한 무대장치와 효과 등을 이용한 연출적인 요소 등이 가미된 연극 등을 관람하면서 얻는 벅찬 마음을 칸트는 '숭고함'이라 표현했다.

숭고함을 가장 잘 느끼게 되는 자연이 바로 '바다'다. 바다는 평소엔 매우 잔잔하지만 언제든 모든 것을 통째로 삼켜버릴지도 모른다는 경이로운 두려움으로 일렁인다.

연약한 인간으로서, 절대로 혼자서는 어쩔 방법이 없는, 거대한 자연의 막강한 힘이나 압도적인 혼돈 그리고 무질서가 불러일으킨 '위대함'을 보노라면 인간은 경외심을 갖거나 두려움을 느끼게 마련이다. 자신의 미천한 존재에 대해 자각하게 되며 오직 더 낮은 마음으로 겸손해지는데 그 내면에 일어나는 의식의 도야가 바로 숭고함에 대한 인간의 감동이다.

이 숭고함에 대한 칸트의 찬가는 일면 타당하다. 그러나 숭고함이 감상이 되어 인간에게 감동으로 다가오기 위해서는 인간이라는 존재는 숭고함에 동참하지 않는 제3의 객관적 입장에 머물 수밖에 없다는 한계가 있다는 점에서 칸트의 숭고함은 여전히 그 오류를 벗어나지 못한다. 바다를 아름답다고 여기기 위해서는 바다 밖, 안전한 어딘가에 머물러야만 한다. 바다와 함께 혼연일체 되어서는 결코 바다의 아름다움을 감상할 수 없다.

칸트의 숭고함을 예로 들어 자주 함께 거론되는 '음악 작품'이 하나 있다. 바로 '음악의 성인, (악성, 樂聖) 루트비히 반 베토벤'의 마지막 9번 교향곡 '합창'(베토벤 교향곡 제9번 라단조 작품 번호 125, Symphony No.9 in D minor op. 125)이다.

특히 베토벤의 9번 교향곡 '합창'의 마지막 악장인 4악장, '환희의 송가'는 음악사에 있어 인간의 목소리(합창)를 오케스트라의 악기편성으로 끌어들인 최초의 실험적 작품이라는 점에서 아주 특별한 의미를 갖는 작품이다. 또한 오케스트라의 연주와 인간의 목소리로 연주하는 합창, 그리고 신에게 바치는 거룩한 내용의 가사인 송가가 모두 함께 한데 어우러져 음악으로 보여줄 수 있는 가장 '숭고한' 경지의 궁극을 보여준다는 것에도 반박의 여지는 없다.

다만 베토벤이 9번 교향곡 '환희의 송가'를 통해 표현하고자 한 숭고함의 경지는, 칸트의 그것처럼, 우리가 어떠한 거대하고 위대한 것을 바라볼 때 느끼게 되는 단순한 의미의 '숭고함'이 결코 아니다. 모든 역경과 맞서 싸워 마침내 승리를 쟁취한 한 인간이 자신의 존재와 실존 모두를 걸고 증명해 낸 능동적 의미의 숭고함이며 이는 듣는 이들에게 역시 능동적인 참여를 요구한다. 작품과는 멀찌감치 떨어진 채, 어느 안전지대에 머물며 그저 바라보기만 하는 그런 수동적인 감상이 아닌, 작품과 함께 물아일체 되어 삶의 모든 고통 및 온갖 부정적인 감정들로부터 해방되는 강력한 치유로의 초대. 베토벤의 숭고함은 작품과 감상자가 하나로 혼연일체 되는 엑스터시(황홀감, 황홀경, ecstasy)의 경험으로 우리를 초대한다는 점에서 칸트의 숭고함과는 명백한 차이가 있다.

루트비히 반 베토벤의 숭고함,
교향곡 9번

루트비히 반 베토벤
(Ludwig van Beethoven, 독일, 1770~1827)

독일의 작은 도시 본에서 태어난 베토벤은 고전주의 시대를 풍미했던 위대한 작곡가이다.

내가 선화예술학교에 다닐 때, 선생님께선 음악사 시험을 준비하는 우리에게 늘 말씀하셨다. "베토벤은 누구인가"에 대해 주관식으로 답을 작성해야 할 때, 반드시 '교두보'라는 단어를 포함하여 작성하기를 여러 번에 걸쳐 주의를 주셨다. "고전주의를 완성하고 낭만주의의 교두보가 된 작곡가" 이것이 "베토벤이 누구인가"에 대한 정답을 작성할 때 절대로 빠뜨려서는 안 될 중요한 문장이었다. '교두보'의 사전적 의미는 '어떠한 일을 하기 위해 마련한 발판'이란 뜻이다. 고전주의를 완성하고 낭만주의로 가기 위한 발판을 마련한 위대한 음악가였던 베토벤은 또한 음악으로 성인의 경지에 이른 인물이라 하여 세상은 그를 음악의 성인, 즉 악성(樂聖)이라고도 부른다.

베토벤의 삶을 들여다보자면 이 사람의 일생에 단 하루라도 행복한 날이 과연 존재했을까 하는 연민을 불러일으킨다. 가정폭력을 일삼던 아버지, 그런 아버지를 오래 견디지 못하고 일찍 돌아가신 어머니, 그리고 철모르는 어린 두 동생을 건사해야만 하는 3형제의 장남, 그는 그렇게 불행한 가정의 소년가장이었다. 불행한 나날들과 벗어나기 힘들었던 가난, 그리고 외로움. 오랜 외로움을 달랜 술이 부른 온갖 병마와 사랑의 배신 등 그의 인생은 그야말로 고난의 나날이었다. 더욱이 말년의 그에게 찾아온 가장 큰 불행은 음악가에게 가장 소중한 청각을 끝내 잃었던 것이었다. 그의 삶이란 이루 말로 다 표현하기조차 힘든 그런 고난의 연속이었으나 또한 '승리의 기록'이기도 했다.

베토벤의 마지막 교향곡인 이 9번 교향곡은 베토벤이 죽기 3년 전인 1824년에 완성되었다. 이미 모든 청력을 완벽하게 잃은 후였고 그를 알던 모두가 그를 떠난 뒤였으며 온 세상이 그를 비웃고 가장 사랑하는 가족마저 그를 조롱하던 그야말로 고독하고 외로웠던 시기였다.

9번 교향곡의 마지막 악장의 시작은 단 다섯 개의 음을 사용한 매우 단순한 구성의 멜로디다. 그러나 이루 말로는 다 형용하기 어려운 아름답고 거룩한 경지를 그 단순한 구성의 멜로디로 그려낸 기적의 음악이자 한 인간이 신을 향해 할 수 있는 가장 경건한 고백이다.

> "환희여,
> 아름다운 신의 광채, 천상 낙원의 딸이여!
> 우리 모두 그 불에 취해
> 그대의 성전으로 들어간다.
>
> 신비로운 그대의 힘은
> 가혹한 현실로 헤어진 자들을
> 재회하게 하고
>
> 모든 인간은
> 그대의 온화한 날개 아래
> 형제로 하나 된다."

베토벤이 자신의 마지막 9번 교향곡에서 독일의 철학자이자 시인인 실러(독일, Friedrich von Schiller 1759~1805)의 시를 빌어 고백하고 싶어 했던 그의 진심은 신이 자신에게 선사한 그 모질었던 삶과, 온갖 풍파에 맞서 이겨낸 한 인간의 신을 향한 항변일 것 같기도 하고, 결국 자신의 힘으로 닿은 그 '숭고함'의 경지에서 한 인간이 전능하신 신에게 바치는 말로 다할 수 없는 '감사함'이었을 것도 같다.

어느 위대한 인간의 독백을 음악에 온전하게 담아낸 베토벤의 이 작품은 곧 숭고함 그 자체였으며 우리는 그의 음악을 온몸으로 함께 느끼고 동참함으로써 뜨거운 감동으로 자신의 영혼을 치유하게 되는 경험을 한다.

하여 베토벤의 숭고함은 칸트의 숭고함과는 분명 다르다. 따라서 요즘에 들어 대한민국 클래식계에 종종 시도되는 '철학과 음악의 만남'을 주제로 한 〈인문학 콘서트〉에서 칸트의 숭고함을 베토벤의 음악과 나란히 연관하려는 시도에는 분명한 오류가 존재한다고 나는 말하기는 조심스러우나 명확하게 판단하고 있다.

스스로 숭고함이 된 사나이, 베토벤의 가난한 기적

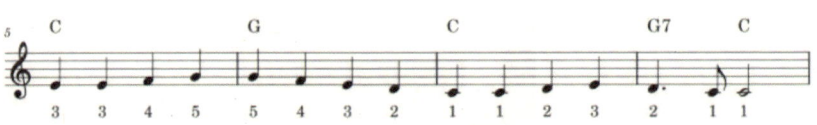

환희의 송가 악보

    이 위대한 곡을 이루는 아름다운 멜로디는 단 다섯 음으로 이뤄져 있다. 도, 레, 미, 파, 솔까지. 이 다섯 음을 가지고 베토벤이 대체 무엇을 만들어 냈는지를 들어보시라.

베토벤 9번 교향곡, 4악장, '황희의 송가' 지휘: 카라얀

세상에는 단 12개음 외에 다른 음은 존재하지 않는다.

이 열두 개의 음으로 세상의 음악가들이 무슨 일들을 해내고 있는지도 한 번 생각해 보시길 바란다. 가진 것이 적다는 것은 아무것도 아니다. 가진 것이 많다는 것 또한 대단할 것이 전연 없다. 우리가 무엇을 가졌는지를 스스로 잘 알고, 갖고 있는 것들을 감사하며 잘 활용할 줄 아는 것. 그것이 바로 기적의 출발임을 베토벤 9번 교향곡의 감상을 통해 우리는 배울 수 있어야만 한다.

I. 숭고함이란 단어의 두 가지 다른 정의_칸트와 베토벤

칸트의 숭고함은 압도적인 크기와 힘, 위협, 무한함, 그리고 신비로움을 담는 의미다.

훗날 독일의 철학자, 아도르노(1903~1969, 독일)는 거대한 폭포를 보며 인간이 느껴야만 하는 마땅한 감정은 고작 '숭고함'이 아니라고 했다. 혹시 폭포로 인해 위협받았을지도 모르는 그 주변 사람들의 안위와 그곳에 이미 존재했을지도 모를 위험을 겪었을 타인에 대한 측은지심이 더 먼저라고 했다. 그러므로 칸트가 말하는 미학적 의미로서의 '숭고함'은 그러한 타인에 대한 감정이 결여된 일방적인 의미라며 맹렬하게 비판했다.

거대한 파도를 보면서 느끼는 자연의 위대함, 곧 숭고함은 그곳에서 생존해야만 하는 사람들에 대한 무심함을 근거로 생기는 이기적인 감정이다. 또한 혹시 그 거대한 자연 현상이 재앙으로 변하게 되어 발생할지도 모를 희생자를 모르는 체하는, 오직 살아남은 자들만이 느낄 수 있는 (안전함을 기반으로 한) '안도'일 뿐이라고도 했다.

예술의 존재 이유가 고대 그리스에는 현실을 모방하거나 어떠한 신화 속의 장면이나 인물을 그대로 재현해 내는 미메시스에 그 목적이 있었다면 시대의 흐름에 따라 예술도 그 존재 목적이 달라지는 것은 또한 인지상정일 것이다.

1700년대를 살았던 칸트가 생각했던 예술의 경지는 아름다움으로 다져지는 인간의 선한 감성의 도야와 거대한 작품을 보며 사로잡히는 경외감에 대한 숭고함이었다면 세월이 흐를수록 사람들은 예술에 대해 다른 기대를 하기 시작했다. 예술로 삶의 치유를 받고 싶어 했고, 예술을 감상하는 것으로 살아가는 힘을 얻는 것에 더 큰 의미를 두기 시작했을 수도 있다. 더 나아가 사회를 비판하고 풍자하며 직접적으로 인간의 삶에 개입하는 것에도 예술의 목적을 두기도 했다. 그러한 관점에서 비춰본다면 칸트의 미학 철학에는 한계가 분명 존재한다.

본능, 이성 그리고 감성과 예술

도덕을 이성의 산물이라 생각하여 선험적으로 인간은 도덕을 실천할 수 있다고 주장한 칸트에게 반해, 자신을 인류 최초의 비도덕주의자로 칭했던 철학자가 있다 바로 희대의 풍운아, 독일의 철학자 프리드리히 니체(1844~1900, 독일)다. 그는 '도덕'을 삶을 옥죄는 일종의 족쇄로 봤다. 그 도덕이라는 족쇄가 '그리스도교'라는 종교의 힘까지 입게 되어 대중에게 종교가 아닌 공포로 팽창하게 된 것을 신랄하게 비판하였다.

'종교의 옷을 입은 도덕'이 일반 대중에게 너무도 공포스러웠던 이유는 신이 손수 창조한 인간에게 '본능'이란 곧 '신의 섭리'일 수밖에 없음을 간과한 것에 있다. 신이 인간을 창조한 것이 맞다면 본능 또한 신의 창작물이라는 역설이었다. 그 엄연한 신의 작품인 본능들에 대해서마저 종교의 옷을 입은 도덕은 아예 '악'이라는 굴레를 덮어씌웠다는 것이다. 본능이 죄가 되는 순간, 그 누구의 그 어떤 순간도 죄악이 아닌 순간은 없다.

니체에게 도덕이란 약자들이 강자들에 대해 갖는 원한에 불과했다. 현실에서 가질 수밖에 없는 불만들을 차곡차곡 내면에 쌓아 둔 약자들이 강자들에 대한 저항으로 창안해 낸 것이 바로 도덕일 뿐이라고.

> "**선한 인간**이라는 개념에서는 약한 자, 병든 자, 실패한 자, 자기 자신으로 인해 고통받는 자 - 즉 몰락해야만 하는 모든 자가 지지를 받고 있다. 그 개념에서는, 긍지에 차 있는 훌륭한 인간, 이 세계를 긍정하는 인간, 미래를 확신하며 미래를 보증하는 인간에 대한 반대가 이상적인 것으로 간주되고 있는 것이다. 이런 인간은 이제 악인으로 불린다. 그리고 이 모든 것이 '도덕'으로서 신봉되었던 것이다. 이 파렴치한 것을 분쇄하라!"
>
> 니체의 자서전 『이 사람을 보라』 中
> '나는 왜 하나의 운명인가.'의 가장 마지막 문단

아울러 그토록 "네 이웃을 네 몸과 같이 사랑하라."고 입으로는 부르짖으면서도 전 세계를 상대로 전쟁을 일으키는, 사랑과 악랄함의 공존이 너무 모순이라는 것이다. 이웃사랑을 유대인에 대한 탄압과 박해로 실천하는 그 부조리를 비웃었다.

니체는 『차라투스트라는 이렇게 말했다』라는 저서에서 인간에 탑재된 본능이 오히려 훌륭한 창작의 원천이 되기도 한다고 했다. 악으로 간주하던 모든 것들이 오히려 선함의 원천이 될 수 있다고도 했다.

그러므로 예술에 있어서 선과 악은 아무런 의미가 없다고 주장을 했다. 오히려 예술은 '선악의 저편'으로 초월할 것을 권하고 있다.

예술의 출발에는 아무런 목적과 이해타산이 없어야 한다는 것은 칸트도 니체도 같은 의견이지만 작품이 마땅히 품어야 할 아름다움의 원천이나 그 아름다움이 취해야 할 외향과 그 감상의 결말이 반드시 '선'으로 귀결돼야만 한다고 생각하는 것에서는 두 철학자는 분명한 생각의 차이를 보인다. 예술을 철저한 관람객 관점에서 바라본 칸트의 감상과 작품 안에서 함께 물아일체 되어 자신을 초극하는 힘과 의지를 얻고자 했던 니체의 감상.

당신의 예술관은 어느 철학자의 손을 들어주고 싶은지.

II

'기도하는 인간'의 관념론적 예술철학
헤겔과 바흐

게오르크 빌헬름 프리드리히 헤겔의 관념론적 예술론

게오르크 빌헬름 프리드리히 헤겔
(Georg Wilhelm Fridric Hegel, 독일, 1770~1831)

100명의 철학자가 있다면 100가지의 전부 다른 해석을 내놓을 만큼 어렵기로 소문난 철학자가 바로 이 '헤겔'이다. 고전주의 음악을 완성하고 낭만주의 음악의 포문을 열어 '교두보' 역할을 했던 음악가 베토벤처럼 헤겔도 과거의 전통 철학을 완성하고 근대 철학의 포문을 연 '교두보'적인 역할을 해낸 철학자다.

철학사와 음악사에 비슷한 역할을 한 그 위대한 두 사람은 공교롭게도 같은 해인 1770년, 같은 나라인 독일에서 태어났다.

역사는 진보한다

고 김대중 대통령이 말했다고 널리 알려진 "인생은 아름답고 역사는 진보한다."라는 이 유명한 말이 헤겔의 철학에서 비롯된 걸 사람들은 알까.

헤겔이 말하길 "역사는 정신적, 학문적, 문화적으로 모든 면에서 성장해 가는 인간들이 만들어 완성해 가는 과정의 기록"이라 했다. 하여 인류의 역사는 반드시 진보할 수밖에 없다고. 그 생각은 일면으론 맞는 말이다. 시간이 흐르고 흐른다면 당연히 시대는 점점 더 발전하는 것은 명확한 사실이다. 그렇게 더 발전한 시대를 살아가는 인간은 정신적인 면뿐 아니라 모든 면에서 과거의 인간들보다는 훨씬 더 똑똑해질 수밖에 없으므로 그렇게 정신적, 물질적으로 발전된 인간들이 완성해 나가는 역사는 반드시 진보할 수밖에 없다고 생각하는 것은 매우 타당한 추론이다.

헤겔은 역사를 단순한 사건의 나열이 아닌 이성이 자신을 실현해 가는 변증법적 과정으로 보았다. 그는 "현실은 이상을 반영하는 방향으로 전개되며, 그 이상은 결국 현실에서 실현된다."고 믿었다. 이러한 입장에서 그는 언젠가 인간의 자유가 완전히 자각되고 제도적으로 구현되는 '역사의 완성'이 가능하다고 생각했던 것이다.

하지만 이 주장에는 엄청난 전제가 있어야만 한다. 그 '완성된 이상'이 현실에서 실현되려면, 인류가 모두 헤겔만큼 깊이 사유하고 모순을 감내하며 진리의 본질을 제대로 인식하고 실천하는 존재여야만 가능하다는 전제이다. 즉, 인류에게 '정체'는 있을 수 있을망정 결코 '도태'나 '후퇴'는 있어서는 절대로 안 된다는 전제가 명백하게 존재할 때만이 성립이 가능한 이야기란 말이다.

그러나 실제 대부분의 사람은 현상 유지만도, 그저 오늘을 살아내기만도 벅찰 뿐이다. 이상을 꿈꾸거나 현실로 이루겠다는 의욕조차 품지 못한 채 살아간다. 헤겔이 그토록 강조한 '정신의 자기실현'은 어쩌면 아주 극소수의, 먹고 사는 문제로부터의 완벽한 자유와, 자신의 존엄이 훼손되지 않을 만큼의 고귀한 신분과, 그러한 모든 행보에 공신력이 부여될 만큼의 학력을 지닌 자들이 전 세계적으로 엄청나게 깊은 사유를 멈추지 않을 때만 오직 이루어질 수 있는 일이라는 말이다. 즉 불가능한 일이다.

헤겔의 시대로부터 시간이 많이 지난 현재 우리가 사는 21세기는 헤겔이 살았던 1800년대와 크게 다를까. 여전히 전쟁은 여기저기에서 일어나고 있으며 혐오와 증오 그리고 빈곤과 질병 역시 아직 사라지지 않았다. 자동차가 자기 혼자 스스로 운행이 가능하다는 자율주행의 최첨단 기술을 누리며 살고 있으나 작금을 사는 인간들의 의식은 과연 단 한 치의 진보라도 했는가. 이 말이다.

헤겔은 같은 논지로 해석하여 예술도 결국은 사멸할 거라고 주장했다.

그의 논지는 사람들이 무언가를 성찰하면서 깨닫고 또 깨닫는다면 인간은 결국 절대적인 어느 경지에 이르게 될 것이 자명하므로 그 경지에 이른 인간은 더 이상 예술을 필요로 하지 않게 될 것이라는 취지인 것 같다. 예술도 철학과 마찬가지로 어떠한 절대정신으로부터 나온 것임은 부정할 수 없지만 철학은 이성과 지성을 바탕으로 한 절대정신이지만 예술은 똑같은 절대정신의 산물이어도 '어쩔 수 없이' 감각과 지각을 수단으로 삼으며 '감정'에 호소할 수밖에 없기에 점점 절대적인 경지에 오르게 될 인간은 더 이상 감정에 호소하는 예술을 필요로 하지 않게 되어 결국 예술은 스스로 사멸될 것이라고.

그러나 미안하게도 몇백 년이 흐른 지금도 예술은 철학과 함께 굳건히 살아남아 사멸하지 않은 채 우리 곁에 남았다. 단언컨대 헤겔은 틀렸다.

인류의 영원한 스테디셀러인 성서를 함께 살펴보자. 성서의 시편 150편 1절로 3절에 **'호흡이 있는 자마다 주를 찬양하고 나팔 소리로, 비파와 수금으로 찬양하라'**는 구절이 나온다. 이는 인간은 감히 넘볼 수 없는, 절대적 경지에 스스로 존재하는, I am that I am! 즉 나는 '여호와'니라, 스스로 완벽하고 영화로이 존재하는 전지전능의 신!

그런 절대적인 존재 역시 인간이 연주(찬양)하는 비파와 수금 소리를 듣고 매우 기뻐했다는 것을 보여준다. 그러므로 우리 인간들은 그런 신을 위해 연주(찬양)하기를 절대로 멈추지 말아야한다는 말이다.

이렇게 신도 예술을 향유하며 감상하는데 하물며 인간일쏘냐.

아울러 니체도 그의 저서 '비극의 탄생'에서 말했다. 아무리 모든 걸 다 가진 강자에게도 고통과 역경, 그리고 그로 인한 염세는 반드시 존재한다고. 삶이 지속되는 한 그 누구도 떨쳐낼 수 없는 고난과 고통의 역경이 반드시 인생에 존재하며 그를 이겨내기 위해 강자도 반드시 지적인 추구와 함께 예술의 감상을 결코 멈출 수는 없다고.

예술은 사멸할 것이라던 그의 예언은 빗나갔어도 사실 그는 예술의 가치와 능력을 아주 높게 평가했던 철학자였다. 1823년부터 베를린 대학에서 예술철학을 몇 년에 걸쳐 강의했고 그 강의를 들은 H. G. 호토의 필기록이 책으로 엮여 아직도 많은 사람에게 널리 읽히고 있다.

헤겔의 예술철학 강의 - 그의 철학적 견해로 바라본 예술, 그리고 음악

예술도, 음악도, 철학도, 결국은 전부 사람이 하는 일이라 결코 **시대**를 벗어나 존재할 수 없다. 즉 시대가 품은 한계적 상황이 모두 고스란히 그 시대의 철학과 예술 작품에 그대로 반영될 수밖에 없다는 말이다. 헤겔이 제아무리 뛰어나고 위대한 철학자라도 아직 본인이 직접 겪어보지 못한 작금의 4차 산업혁명과 그에 따른 부작용을

부오나로티 미켈란젤로(화가, 1475~1564, 이탈리아 피렌체 공화국) 의 대작, '천지창조' 저 손가락의 마주침은 성서의 창세기에 나오는 하나님이 아담을 창조하시고 그 숨을 불어넣어 생명체로 만들었음을 은유한 것으로 알려져 있다. 인간을 창조한 신과 신의 첫 인간인 아담의 아름다운 교감이 느껴진다.

알 수는 없는 노릇이다. 눈부신 기술의 발전을 살고 있는 21세기의 인간들이 갖는, 기술의 발전으로 기인한, 피할 수 없는 소외와 고독에 대한, 철학적 해석을 헤겔은 절대로 할 수 없고 아무리 위대한 베토벤이라도 인공지능을 사용하여 작곡을 해보지 못하였듯 모든 철학과 예술은 반드시 그 시대적인 한계를 갖는다.

앞서도 언급했듯이 음악은 여타의 예술 장르와는 달리 늦게 발전하기 시작했다. 상상해 본다면, 음악은 몸 하나만 갖고 있으면 누구나 언제든 할 수 있는 문학이나 미술과는 정말 많이 다르다. 일단 장비(악기)가 절대적으로 필요하고 음악만의 언어(악보)가 필요하며, 그를 이용하여 창작하고 연주할 줄 아는 전문적인 교육을 받은 음악가들이 있어야 비로소 뭐가 돼도 될 수 있는 매우 고차원적 장르이기에 미개한 사회에서의 음악은 제대로 된 예술적 가치를 지닐 수 없다. 말과 문자만 있으면 누구나 창작할 수 있는 문학이나 눈에 보이는 대로, 혹은 상상하는 대로, 떠오르는 영감대로 장면을 그릴 수 있는 미술보다 훨씬 더 세상이 문명화되었을 때만 음악이 '예술로서' 태동할 수 있다는 태생적인 단점이 있다.

예술사적으로도 살펴본다면, 미술과 건축이 그야말로 찬란한 도약을 보였던 르네상스(1500년대) 시대까지도 음악은 이렇다 할 두각을 나타내지 못하고 있었다. 그러다가 바로크 시대(1600년대)에 이르러서야 드디어 두각을 나타낼 수 있었다. 1600년대에 들어서면서 악보의 기보법이 발전하기 시작했고 여러 악기 등이 개발되어 만들어졌으며, 또 개발된 악기들을 음악에 적극 활용하면서 음악은 그야말로 비약적인 발전을 할 수 있었던 것이다.

바로크 시대의 대표적인 음악가로는 우리가 잘 알고 있는 바흐와 헨델이 있다. 음악의 아버지 바흐는 평균율을 만들어 이전의 순정률이 가졌던 치명적인 단점인 음의 높낮이(조율)가 연주자마다 서로 다를 수밖에 없던 부분을 개선해 냈다. 마치 그리니치 천문대가 세계 표준

시간을 제시해 낸 것처럼 모두가 동일한 높낮이로 연주할 수 있게 된 음계의 표준을 제시하고 체계를 확립한 것이다.

이런 업적을 지닌 음악의 아버지 바흐와 더불어 바로크 시대 음악계의 양대 산맥이라 일컬어지는 헨델은 수상(水上)음악, 왕궁의 불꽃놀이 등과 같은 귀족 음악과 더불어 오페라, 오라토리오 등의 '극장음악' 즉 공연을 목적으로 한 음악을 개척하고 발전시킨, 바흐와 더불어 바로크 시대의 대표적인 작곡가로 꼽힌다. 이렇게 눈부신 발전을 거듭한 바로크 시대의 음악 역시 종교 행사를 위한 교회음악과 귀족의 여흥을 위한 수단으로서의 음악으로 역시 그 한계를 가질 수밖에 없었다.

시간이 다시 흘러 바로크 시대를 지나 1700년대 이후 고전주의 시대에 이르러서 음악은 당시 횡행하던 유럽의 계몽주의 사조에 힘입어 종교와 권력의 그늘에서 벗어나 예술 그 자체로 순수하게 존재하려는 노력을 했다. 이 고전주의 시대에 이르러 모든 '악곡의 형식'들이 완벽한 기틀을 갖추기 시작했고 또 완성되었다. 음악만으로 절대적인 아름다움에 도달하려는 여러 시도와 노력을 멈추지 않았던 시대였으며 그 노력의 결실이 너무도 찬란했던 시대가 바로 이 고전주의 시대다.

고전주의 음악의 대표 음악가들로는, 100곡이 넘는 교향곡을 작곡하여 '교향곡의 아버지'라 불리는 하이든(요제프 하이든 Joseph Haydn, 1732~1809, 오스트리아의 작곡가)과, 교향곡은 물론 오페라 그리고 기악곡에서부터 성악곡에 이르기까지 모든 장르에 걸쳐 뛰어난 작품을 매우 많이 남긴 천재의 대명사 모차르트(볼프강 아마데우스 모차르트, Wolfgang Amadeus Mozart, 1756~1791, 오스트리아의 작곡가)도 이 시대에 활약한 음악가다. 모차르트는 뛰어난 작품을 많이 남긴 것뿐만 아니라 소수민족도 자기 나라의 언어(이전까진 모두 이태리어)로 된 오페라를 창작할 수 있어야 한다고 주장한 진보적 예술운동인 '징슈필(Singspiel)'의 대표주자로도 유명하다. 그리고 음악으로 어떠한 절대적이며 숭고한 지경에 스스로 닿은 음악의 성인(聖人)이자 우리들의 영웅인 악성(樂聖) 베토벤(루트비히 판 베토벤, Ludwig van Beethoven, 독일의 작곡가) 등이 모두 이 고전주의 시대에 활동했던 음악가들이다.

이후 완벽한 형식과 절대적인 아름다움만을 고집하던 음악에서 한발 더 나아가 음악에 사람의 마음과 감정을 담고자 노력했던 낭만주의가 도래했다 낭만주의 시대에는 손에 미처 다 꼽을 수 없을 만큼 많은 음악가들이 활동했던, 음악사에 있어 가장 찬란했던 시대다. 가곡의 왕 슈베르트, 피아노의 시인 쇼팽, 천재 피아니스트이자 작곡가였던 리스트, 그 외에도 슈만, 브람스 등 수많은 거장이 이 낭만주의 시대에 활동했다.

이러한 음악사의 흐름에 따라 헤겔도 예술의 형식을 상징적, 고전, 낭만, 이렇게 세 가지 시대로 나누어 설명했는데 제일 첫 단계인

상징적 시대엔 예술미의 추구와 그 형식이 모두 미약했고, **고전주의** 시대엔 내용과 형식이 모두 미학적으로 완벽했던 명료한 예술의 시대라 하였으며 **낭만주의** 시대에는 이미 존재하던 기존의 형식에 넘쳐나는 감정을 미처 다 담지 못할 만큼 내용이 형식을 초월하고 형식은 파괴되어 자유로운 양상을 띠며 예술미의 성취가 그 형식을 뛰어넘는 경지에 이르게 되었다고 음악사의 흐름에 따른 예술의 형식과 내용의 변화를 강의했다.

또한 헤겔은 음악만이 진리와 가장 가까운 형태라고 했다. (나중에 언급하겠지만 후에 쇼펜하우어도 헤겔과 비슷한 주장을 한다.)

말인즉슨, 미술이나 문학에 나타나는 감정들은 실체가 명확하다. 무엇 때문에 기인한 감정인 것인지 그 인과관계를 감상하는 사람이 분명하게 알 수 있다는 것이다. 예를 들어 '아버지가 돌아가셔서 슬프다'라는 것과 같이 슬픔이라는 감정에 대한 인과관계를 직관적으로 표현하지만 음악은 그럴 수가 없다.(오페라를 비롯한 성악 작품 제외) 소리와 음을 소재로 한 예술인 음악은 어떠한 감정이 갖는 서사를 구체적으로 부여할 수는 없기 때문에 오히려 감정 그 자체가 갖는 본질을 표현할 수 있다는 것이다.

그러므로 음악을 듣는 사람은 감상하는 동안 이 수수께끼와도 같은 비밀스러운 감정의 근원에 대한 질문을 계속 스스로에게 멈출 수 없으며 그러한 과정 중에 감상자는 자신에게 내제해 있는 영혼을 찾게 되고, 또 발견하게 되며, 그를 직면하여 화해하게 되거나, 자신을 용서를 하거나, 혹은 더 따뜻하게 안고 사랑해 주거나 하는 등의 강력한 치유를 경험할 수 있다는 내용이었다.

이렇게 음악만이 가진 고유의 위대함을 강의했던 헤겔이 가차 없는 비난을 가했던 음악 작품이 있었는데 그것이 바로 음악의 아버지, 독일 출신의 위대한 작곡가, 요한 세바스찬 바흐의 〈마태 수난곡〉이다.

조토 디 본도네(Giotto di Bondone, 1267~1337, 화가, 이탈리아)가 그린 '십자가의 예수'

요한 세바스찬 바흐의 신앙 고백적 음악
마태 수난곡

요한 세바스찬 바흐
(Johann Sebastian Bach, 독일, 1685~1750)

바로크 음악의 대표적인 작곡가 요한 세바스찬 바흐는 200년에 걸쳐 수십 명의 음악가를 배출해 낸 걸출한 음악가 집안이자 독실한 기독교 가문에서 태어났다. 앞서도 언급했듯, 그 시대의 음악이란 것이 아직은 종교와 권력에 종속되어 존재하던 시절이라는 점과 바흐가 태어난 집안 배경을 고려해 보았을 때 바흐에게 종교라는 것, 그리고 신이란 존재는 그저 삶을 영위하는 하나의 수단에 불과한 것이 아닌 그를 살게 하는 감사한 힘과 의지이며 동시에 삶, 그 자체였을 것이다.

아홉 살에 부모를 잃고 불행히도 고아가 된 바흐는 그때부터 자연스레 교회에 의탁하여 자라게 되었다. 그런 태생적 성장 배경을 가진 바흐가 깊은 신앙심을 가졌다는 것은 매우 자연스러운 일이었을 것이다. 또 자신의 능력과 재능을 오직 교회와 신을 찬양하기 위해 온전히 바쳤다는 것은 의심의 여지가 있을 수 없으며 그 누구보다 교회음악을 많이 창작했던 음악가가 된 것 또한 어렵지 않게 이해할 수 있는 부분이기도 하다.

바흐는 비단 위대한 교회음악 창작자만은 아니었다. 그의 진정한 위대함은 '평균율'의 창시에 있다. 바흐는 이전까지 존재하지 않았던 음계의 새로운 체계를 정립한 '평균율'의 창시자이자(바로 이 부분으로 바흐는 음악의 아버지란 별명을 얻게 된 것 같다. 비록 우리나라를 제외한 다른 나라에서는 바흐를 음악의 아버지라 부르지는 않지만 나는 위대한 평균율의 정립만으로도 그가 음악의 아버지라 불리는 것에 반대하지 않는다. 그는 실로 위대한 '음악의 아버지'였다.) 아울러 '대위법'이란 작곡 기법의 가장 정점인 푸가(Fuga)'를 많이 남겼으며 그 외에도 수많은 피아노곡을 비롯한 기악곡 등은 물론 오라토리오, 칸타타 등과 같이 성서의 내용을 메시지로 담은 기독교적 작품들도 걸작으로 남겼다.

마태 수난곡(Matthäus-passion. BWV 244)

바흐가 살던 당시, 바로크 시대의 유럽은 기독교와 사회를 따로 분리하여 생각할 수 없을 만큼 종교는 사회 전반을 모두 장악했다. 그리하여 바로크 시대의 미술과 음악 등 예술의 모든 분야는 대부분 종교적인 내용을 담아 창작된 것은 아울러 매우 당연한 일이었다.

당시 음악계에는 '수난곡'이라는 장르가 있었다. 부활을 앞둔 고난주간의 성금요일 낮 예배를 위해 작곡된 곡으로서 주로 4 복음서(마태, 마가, 누가, 요한)에 나오는 예수의 수난 이야기를 음악에 담아 창작한 작품이다. 바로크 시대의 작곡가인 바흐도 당연히 수난곡을 작곡했는데 1725년 한 교회의 의뢰를 받아 만든 곡이 바로 이 '마태 수난곡'이다. 마태 수난곡은 4 복음서 중 하나이자 가장 첫 복음서인 마태복음의 26, 27장을 바탕으로 작곡되었다.

그 수난의 내용은, 예수가 자신의 종말을 제자들에게 예언하고 유다는 '예수는 더 이상 인류의 구원자가 아닐 것'이란 확신으로 예수를 대제사장들에게 넘긴다. 이미 자신의 최후를 알고 있던 예수는 제자들과 더불어 빵과 포도주를 '최후의 만찬'으로 나누며 "너희들은 이 성찬의 의식을 대대로 지키며 나의 피와 살을 기억하라" 말한 후 체포되었다. 가시관을 쓴 예수는 군중의 조롱을 받으면서도 주께서 부디 그 어리석은 자들을 용서하시옵기를 빌었으며 끝내 십자가의 형벌로 예수의 영혼은 그 보혈의 피로써 구원을 완성하며 세상을 떠났다.

다 이루었다. Τετέλεσται.

여기까지가 성서의 복음서에 나온 '예수의 수난 이야기'이다. 아직도 교회와 성당은 부활 직전 마지막 주간을 '고난주간'으로 특별히 지키며 예수의 고난을 기리고 있다.

레오나르도 다빈치, 최후의 만찬, 1495~1497경 작품으로 밀라노에 있는 산타마리아 델레 그라치 성당의 식당 벽에 그린 벽화

오라토리오는 독창, 중창, 합창 등 성악을 오케스트라와 함께 편성하여 작곡하는 형식을 말한다. 가사를 가진 성악 파트가 종교적 메시지를 전달하는 역할을 하고 오케스트라는 작품의 음악적 완성도를 완벽하게 끌어올려 완성하는 형식이 바로 이 '오라토리오'다.

　바흐의 마태 수난곡 역시 다양한 성악 파트와 오케스트라가 함께 어울려 만들어진 오라토리오로서 명작 중의 명작이다. 그러나 불행하게도 그 명작은 오래 사랑받지 못했다. 일단 작품의 길이가 3시간에 가까운 대작이라 미사나 예배가 아닌 순수한 공연을 목적으로 무대에 올리기에는 다소 부담스럽다. 아울러 너무 뚜렷한 종교적 색채의 작품이라는 것이 '마태 수난곡'이 가진 한계였다. 그리하여 이 곡은 바흐가 사망함과 동시에 사람들의 기억에서 지워지며 잊혀졌다.

　후에 1800년대에 이르러 독일에는 멘델스존(펠릭스 멘델스존 Felix Mendelsshon, 1809~ 1847)이라는 작곡가가 나타나게 되는데 그 멘델스존 덕분으로 모두의 기억에서 사라진 바흐의 마태 수난곡은 세상의 빛을 다시 보게 되면서 오늘날까지 그 위대함을 인정받아 명작으로 재탄생되었다.

　1809년 유대인 출신 부유한 상인의 자녀로 태어나 매우 유복했던 멘델스존은 14세 생일에 할머니로부터 이 마태수난곡이 필사된 악보를 우연히 선물로 받게 되었다. 그 악보를 세세히 살펴보던 14세 멘델스존은 단번에 작품의 위대함을 알아보았고 이후로 오랜 시간 연습 과정을 거치면서 작품에 대한 연구를 꾸준히 하다가 자신이 스무 살이 되던 해, 직접 지휘자로 연주에 참여하면서 이 곡을 세상에 다시 알렸다.

사람들에게 외면받으며 그저 도서관에 의미 없이 잠들어 있었던 그 해묵은 악보가 '19세기의 모차르트'라 불리던 젊은 천재 음악가, 멘델스존의 뛰어난 안목과 결단력 넘치는 행동으로 말미암아 세상의 한가운데 다시 우뚝 서게 된, 실로 감동적인 스토리가 아닐 수 없다.

헤겔이 들은 마태수난곡

그런 감동적 스토리를 가진 마태 수난곡의 초연 공연장에 헤겔도 있었다.

전해오는 이야기에 의하면 헤겔은 그 마태 수난곡을 매우 탐탁잖아했다고 한다. 헤겔은 '모든 것은 정반합의 과정을 거치면서 반드시 진보한다.'고 믿었던 긍정의 철학자다. 그런 진취적인 헤겔이 듣기에 마태수난곡은 너무나 나약하게 들렸던 모양이다.

모든 '정'(테제: 최초의 명제)은 그를 보완하는 '반'('정'에 반대되는 주장 혹은 주제)과의 서로 모순을 극복하는 상호작용으로 결국엔 상승해야 마땅하다는 신념을 가진 헤겔의 눈에 이 마태수난곡은 너무 힘이 없어 보였다. 거친 인생의 풍파 속에 절망하였다면 그를 극복하기 위한 무언가를 찾아 능동적이면서도 적극적으로 극복해 내는 '정반합'으로써의 인간의 모습이 아닌 기도하는 인간의 나약한 모습은 너무 무기력해 보였고 또 천상의 존재인 신이 주인공으로 등장하는 이 음악을 헤겔은 너무 싫어했다고.

이 아름다운 음악의 감상 끝에 감상자는 대체 무엇을 남길 수 있을 것인가? 결국 감상자의 마음속에 남은 감정이라곤 비루한 현실에 대한 체념 같은 자각과 도무지 다가갈 수 없는 천상의 세계 속 신의 존재와 인간 사이의 결코 극복할 수 없는 간극과 그 간극이 초래한 절망, 그 절망으로 기인한 고통스러운 고립감이 전부인 이 음악을 어찌 강하게 비난하지 않을 수 있냐는 것이 헤겔의 감상이었다.

마태수난곡에 대한 이러한 감상은 온전히 헤겔의 몫이고 그런 의미에서 그가 무엇을 말하든 이는 예술에 대한 개인의 감상이므로 매우 정당하다.

다만 인간은 누구나 삶을 살아가는 여정 중에 자신의 의지와 힘만으론 어쩌지 못하는 불가항력의 상황을 반드시 만난다. 그리고 그러한 상황에서 인간은 본능적으로 절대자에게 의존하고자 하는 마음을 품게 된다. 헤겔의 말처럼 인간 만사가 정반합의 원리에 따라 이상과 현실이 서로 반목하여 곤고한 날의 끝에 반드시 좋은 날이 오고, 궂은 날을 견딘 대가가 쨍하게 해 뜰 날이라면 얼마나 좋을까만. 어느 곤고한 날, 그 어디에서도 희망을 발견하지 못해 절망만이 가득 찬 날도 있는 법이고 그런 절망을 버텨내는 한 인간의 그 절박한 기도를 어찌 무력하다 나무랄 수만 있겠냐는 것이 나의 반론이다.

개인적인 견해를 전제로 하여 발언하는 것이 이 글을 쓰고 있는 내게도 감히 허락된다면 어떤 학문이든지 그 깊이가 깊어지면 반드시 철학에 이르고 철학에 이른 지혜가 더욱 깊어지면 결국 '신앙'에 닿는 것 같다. 그 어떤 과학이나 지혜로도 밝혀낼 수 없는 절벽을 반드시 만나게 된다는 말이다. 세상만사를 더 많이 알면 알아갈수록 인간은 반드시 자신의 미천함을 깨닫게 될 수밖에 없고 세상의 지혜로는 설명이 불가능한 경계를 필시 마주하게 될 수밖에 없다. 그리하여 인간은 어떠한 절대적인 존재를 갈망하여 경외하는 마음을 갖게 될 수밖에 없다. 그러한 믿음을 갖고 살아가는 어느 인간의 절실한 간구와 고백의 기도를 그 누가 나약함으로 폄하하여 단죄할 수 있을꼬.

그럴 수는 없을 것 같다.
그것이 헤겔의 감상에 대한 나의 예술가적 고백이다.

바흐, 마태수난곡, 전곡 듣기

의지의 표상으로서의 세계, 그리고 음악
쇼펜하우어와 바그너

아르투어 쇼펜하우어,
의지의 표상으로서의 세계

아르투어 쇼펜하우어
(Arthur Schopenhauer, 독일, 1788~1860)

아마 한국인에게 가장 사랑받는 철학자가 바로 이 쇼펜하우어가 아닐까. 최근 대한민국 출판계에서 가장 유명하고 또 가장 주목받는 철학자가 바로 이 쇼펜하우어일 것 같다. 많은 한국 사람이 사랑하는 철학자인 쇼펜하우어는 독일의 작은 도시 단치히에서 태어났다. 부유했던 상인 아버지와 감수성 넘치던 소설가 어머니, 돈이 많은 상인 남편과 예술 하는 아내의 실로 완벽한 조합은 철학자 쇼펜하우어의 부모였다.

세상의 잣대로 보면 정말 둘도 없이 완벽한 궁합으로 보이는, 일면 부러운 부부였을 수도 있었겠으나 현실은 늘 상상과는 전혀 다른 법이어서. 이해타산이 정확한 상인 출신 남편은 세상 물정을 전혀 모르고 뜬구름 잡는 소리만 자꾸 해대는 소설가 아내를 도무지 이해하기 너무 어려웠을 것이며 남편이 그러거나 말거나 치열한 삶이 아닌 공상의 세상만을 살아가던 소설가 아내에게 가족이란 아예 무관심이었을 것이다. 그저 남편의 엄청난 경제력이 마치 원래 제 것이었던 것 마냥, 아까운 줄도 모르고 펑펑 써가면서. 성실하게 돈을 벌고 또 모아 불려 왔을 상인 남편의 눈에 비친 소설가 아내는 내조에는 전혀 신경조차 쓰지 않으면서 자신이 힘들게 벌고 모은 돈을 아무 생각 없이 낭비하는 양심 없는 여인처럼 보였을 것이고 반대로 아내의 눈에 비친 남편은 소설과 문학 그리고 예술에 대해 아는 것이라곤 단 하나도 없는, 오직 돈 밖에 모르는, 무지하기 짝이 없는, 그런 천박한 사람이었을 것이다. 즉 쇼펜하우어의 부모는 늘, 항상, 언제나 사이가 정말 좋지 않았다는 말이다.

그러던 어느 날, 돈이 많던 아버지는 막대한 유산을 어머니에게 남기고 자살(로 추정됨)로 생을 마감하게 되는데, 갑자기 아버지를 잃은 어린 쇼펜하우어는 상실감에 정말 슬퍼했으나 그의 어머니는 의외로 그러지 않았다고 한다. 남편이 죽자, 이런저런 눈치를 볼 남편은 눈앞에서 사라졌고 돈은 오히려 자신의 수중에 남았기에 남편을 잃은 쇼펜하우어의 엄마는 나날이 더 행복해져 갔을 뿐이라고.

그런 엄마를 보며 어린 쇼펜하우어는 따뜻한 배려와 사랑을 배울 기회조차 얻지 못한 채 점점 인간에 대한 신뢰를 잃어갔으며 특히 여성에 대한 믿음의 마음을 철저하게 버렸다고 한다. 이는 곧, 사람과 사람 사이에 존재할 수 있는 유일한 기적인 사랑이라는 감정을 절대적으로 믿지 않는 다소 불행하고 냉소적인 어른으로 성장할 수밖에 없었다는 것을 의미한다.

쇼펜하우어에게 삶은 필연적으로 고통일 수밖에 없는 나날이었으며 인간이란 어차피 고독할 수밖에 없는 그런 외로운 존재였다.

고슴도치 인간

외로운 인간들은 모두 고슴도치다. 추운 겨울, 고슴도치는 너무 추워 서로 살을 맞대면서 서로의 체온으로 추위를 피하고자 하지만 절대로 그럴 수 없다. 서로를 서로의 가시가 찔러 깊은 상처를 주기 때문이다. 그렇다고 멀찍이 떨어져 혼자 있으면 너무 추워 견딜 수가 없다. 그러니 함께하더라도 '적절한 거리'를 유지해야만 한다. '불가근불가원' 가까이 다가설 수도, 완벽하게 홀로 존재할 수도 없는, 결국 인간의 운명은 '외로움'이라는 것이 쇼펜하우어의 생각이었다.

아버지가 살아생전엔 부모의 불화 때문에 늘 불행했고, 아버지가 돌아가시고 난 후엔 전혀 슬퍼하지 않는 어머니에 대한 실망으로 불행했던 쇼펜하우어는 성인이 된 어느 날 어머니를 상대로 유산분할 소송을 제기한다. 재판에 승소하여 어머니로부터 아버지의 유산을 어느 정도 챙겨 나와 독립한 그는 경제적으로는 죽는 그날까지 윤택하게 살 수 있었던, 일면으론 매우 운이 좋았던 철학자이기도 했다.

돈이 백날 많으면 무엇 할까. 함께 누릴 사랑하는 사람들이 곁에 없는데. 매우 안됐고 딱한 일이다. 쇼펜하우어의 경우처럼 사람이 살면서 얻는 모든 부정적인 감정들 즉 불안, 상처, 배신감으로 기인한 충격과 공포 등은 모두 사람으로부터 기인한다. 인간은 늘 인간으로 말미암아 괴로운 것이다. 그러나 삶이 우리를 이토록 아프게 할지라도 우리는 반드시 서로를 믿고 신뢰하며 사랑해야만 한다고 나는 믿는다. 천 번을, 그리고 만 번을, 상처받고 또다시 받는 그런 불행이 반복되고 또다시 반복된다 하더라도 나는 인간을 죽는 그날까지 믿고 또 믿으며 사랑하고 또 사랑하고자 한다.

그것은 나를 위한 일이기에 그러하다.

아무도 믿지 못하는 차가운 절벽의 끝, 그 위태로운 벼랑 위에 나는 나를 절대로 세워둘 수 없다. 벼랑 끝에 서서 믿고 의지할 사람이라곤 달랑 나 하나밖에 없도록 나는 나를 방치할 수 없다. 빅토르 위고(1802~1885, 프랑스, 작가)의 '레 미제라블'에 나오는 말 중 내가 가장 사랑하는 한 문장, "살아서 천국을 경험하는 유일한 길, 서로를 향해 웃어주는 일"이란 그 말에 나는 나의 생을 걸고자 한다. 살아서 천국을 사는 유일한 길은 우리가 서로를 향해 따뜻하게 웃어주는, 즉 서로 사랑하는 일임에 말이다.

그러나 불행하게도, 자신을 낳고 길러준 부모 탓에 태생적으로 인간의 사랑을 믿지 못하게 된 쇼펜하우어가 염세주의 철학에 심취하게 된 것은 어찌 보면 당연한 순서였다.

그의 염세주의 철학은 "인간 만사 전부 다 부질없으니 그냥저냥 대충 살거나 혹은 지레 포기해 버리라"는 자포자기의 '냉소'는 결코 아니다. 다만 부질없는 것들의 부질없음을 받아들이라는 것이다. 물 위를 걸으면서 한사코 젖기를 거부하며 갖은 애를 쓰는 것은 아무 소용이 없다는 것을 부디 알라는 말이다. 또는 "물 위를 걷는 것은 어차피 애초에 시작부터 부질없는 일이고 또 귀찮게 옷도 젖고 하니 그냥 아예 걷지 말자"며 회피하라는 것도 아니다. 물 위를 걸을 때는 옷이 젖을 수밖에 없다는 것을 그저 받아들이라는 것이다.

그러니 두려워할 것도 괴로워할 것도 없다.

고통을 고통으로 받아들이고, 고독을 고독으로 있는 그대로 받아들이라는 것, 그렇게 삶을 인정하고 받아들일 때, 비로소 인간은 진정한 행복에 한 발 더 다가갈 수 있으며 그 행복을 찾을 수 있다는 것이 쇼펜하우어의 염세 철학의 가장 중요한 주제이다.

이런(염세적이며, 인간을 결코 사랑하지 못하고, 생은 고통일 수밖에 없다는) 생각을 가졌던 쇼펜하우어는 낙천적인 헤겔을 미워했다.

인간은 끊임없이 발전하고 그 발전한 인간들이 완성해 나가는 역사는 반드시 진보할 수밖에 없다는, 그러한 극단적 낙관론자인 헤겔이 가진 믿음을 사기꾼의 현혹에 불과하다고 평가 절하했다.

1820년 베를린 대학에 강사가 되었을 때 쇼펜하우어는 의기양양하게 헤겔의 강의와 같은 요일, 같은 시간에 자신의 강의를 열었다. 헤겔의 철학을 이겨보고자 한 청년 철학자의 패기 넘치는 의지의 표명이었다. 그러나 결론은 쇼펜하우어의 대참패였다. 당대를 주름잡던 철학자인 헤겔을 이기기에 쇼펜하우어는 아직 인지도도 별로 없는 그저 그런 새내기 젊은 철학자였을 뿐이기 때문이었다. 이 사건으로 1820년 교단을 떠나버린 쇼펜하우어는 다시는 대학으로 돌아가지 않았다. 그는 그렇게 초야에 묻힌 철학자가 되었다.

그러나 1831년 헤겔이 세상을 떠나고 1848년 유럽에서 벌어졌던 시민혁명이 실패로 돌아가자, 사람들은 헤겔의 '낙천적 진보론'을 점점 신뢰하지 않게 되었다. 헤겔의 철학에 따르면 정반합을 거치면서 계속 정신적으로 발전하는 인간이 써나가는 역사는 반드시 진보한다던데. 현실의 역사는 그저 지긋지긋한 불행의 반복에 불과하다는 것을 여러 역사적 사건을 직접 겪으며 목도하게 된 사람들은 헤겔의 변증법을 더 이상 믿지 않게 된 것이다.

사람들은 서서히 쇼펜하우어의 염세철학으로 발을 돌리기 시작했다.

세상은 좋아지는 것처럼 보였지만 실상은 나빠지고 있었고 인간은 발전하는 것처럼 보이지만 애석하게도 늘 제자리였기에 아무리 시대가 바뀌고 세상이 달라져도 삶은 고통의 굴레를 벗어나지 못할 뿐이란 사실을 인간은 깨닫기 시작한 것이다. 쇼펜하우어의 철학은 그렇게 사람들에게 인기몰이를 시작했고 더 나아가 그의 철학은 대중뿐만 아니라 많은 예술가들, 즉 문학인들(앙드레 지드, 톨스토이 등)과 음악가(바그너 등)들에게도 큰 영향을 미쳤다.

운명을 극복하며 영원회귀를 사는 위버멘쉬(초인)를 꿈꾸던 니체 역시 20대 초반에는 쇼펜하우어의 철학에 깊은 영감을 받았다. 철학자 니체의 원래 전공은 철학이 아닌 고전문헌학이었고 그런 니체는 철학자의 냉철한 이성보단 문헌학자, 즉 문학청년의 감성을 더 많이 지닌 사람이었다. 그렇게 감수성이 예민한 젊은이였던 니체는 늘 건강이 좋지 않았었다. 두통과 소화불량 그리고 빛을 보면 눈이 아픈 등의 여러 만성질환을 언제나 달고 살았었는데 그런 니체에게 '모든 살아 있는 생명은 고통받는다'라는 쇼펜하우어의 철학이 정말 큰 위로가 되었던 것이다.

그러나 니체가 본격적으로 철학자의 삶을 살기 시작하면서 니체는 쇼펜하우어의 염세철학을 더는 거부했다. 니체의 생각으로 쇼펜하우어의 철학은 고작 '온몸으로 삶을 거부하는 것'이었다. 그러나 반대로 니체는 뜨겁게 삶을 살고 싶어 했다. "살기 위해 살려는 의지를 부정하라"는, 그러니까 의지 자체를 갖지 않기 위해 노력하라는 쇼펜하우어의 철학에 맞서 나체는, 그 어떤 상황에서라도 삶을 사랑하고, 자신의 운명을 사랑하는, 그 엄청난 힘을 가진 사랑으로부터 살아가는 의지와 힘을 얻어야만 한다고 주장했다. 그것이 비록 고통만이 가득

한 비극일지라도, 그 비극마저 사랑해야 한다고. '아모르파티'(Amor Fati), 영원회귀, 초인(위버멘쉬)의 등장이었다.

그렇게 '비극적 운명마저도 뜨겁게 사랑하는, 영원히 반복되어도 좋을, 그런 오늘을 살아가는 초인'이 되기 위해 노력하는 당신을 방해하는 것이 있다면 그 어떤 것도 그저 '우상'일 뿐이라며 우상은 반드시 저물어야 한다고 했다. 기존의 모든 가치관을 부정하는 '우상의 황혼'을 부르짖었다. (니체가 말한 '우상'은 이제까지 존재했던 전통적 가치관과 인간을 억압하는 모든 고정관념을 지칭한다. 그 우상들의 황혼, 즉 전통적 가치관이 황혼처럼 '저물어감'을 논한 니체의 대표 저서 중 하나이자 시집이다. "옛 진리가 저물어 가고 있다. 나는 이러한 복음을 전하는 자다. 바로 이 때문에 나는 '운명'이다."-니체의 자서전 『이 사람을 보라』 中)

니체에게 쇼펜하우어의 철학은 염세주의를 가장한 신세 한탄으로 보였을 뿐이다. 지치고 피로하여 병든, 생명력이라고는 전연 찾아볼 수 없는, 나약한 인간이 스스로 고통의 쳇바퀴를 벗어나지 못하는 것을 변명하는 비겁한 핑계이며 침묵과 무저항의 가면을 쓴 그저 '회피'였다.

그러나 운명을 끌어안은 침묵의 회피란 얼마나 매력적인 것이던가.

니체의 반감에도 불구하고 쇼펜하우어의 철학은 많은 사람들의

지지를 얻었고 아울러 대표 저서인 **'의지와 표상으로서의 세계'**는 당시의 대중뿐만 아니라 독일의 대표적인 작곡가 바그너에게도 큰 영감을 주었다. 바그너는 '의지와 표상으로서의 세계' 속에 담긴 쇼펜하우어의 정신을 차차 자기 작품에 담아 음악으로 실현하기 시작했다.

의지와 표상으로서의 세계

"세계는 나의 표상이다."

강렬한 문장으로 시작하는 이 책은 세상의 모든 만물은 보이는 표상과 그 표상을 움직이게 하는 원동력인 의지, 이렇게 두 가지로 이뤄져 있다고 했다. 인간으로 빗대어 쉽게 설명하자면 인간의 신체는 객관적으로 눈에 보이는 '표상'이고 그 표상인 우리 신체를 움직이게 하는 원동력이 되는 '의지'는 본능적인 욕구와 욕망, 이루고자 하는 소망, 그리고 노력 등이다. 이 의지는 살아가는 동안 삶을 향한 끝없는 원동력이 되기도 하지만 또한 인간을 끊임없이 고통스러울 수밖에 없도록 만들기도 한다.

의지를 욕망이라는 단어로 간단하게 치환하여 설명할 수 있다면, 욕망의 결핍은 고통이 되고 욕망의 과잉은 (탐욕을 넘어 오히려) 권태가 된다. 고통과 권태. 이는 모두 본질적으로 좋지 않은 부정적인 감정이다. 욕망이 결핍된 인간은 당연히 불행하지만, 욕망을 너무 쉽게 채운 과잉의 인간 역시 반드시 공허와 무력감에 빠지는 그야말로 인간은 어디에 속해 있든지 간에 불행을 피하지 못하는 그저 진퇴양난이란 건데 살아있다는 전제하에 삶에의 의지(욕망)는 꼭 따라붙는 본능적인 것이기에 없앨 수도 없고 또 부족해도 넘쳐도 모두 고통을 일으킬 뿐이라서 쇼펜하우어는 이 의지로부터 부디 자유로워질 것을 주장했다. 그렇게 삶을 향한 모든 의지로부터 한없이 자유로워질 수 있도록 돕는 도피처가 곧 예술이고 그중에서 음악이 가장 높은 가치를 지닌 예술의 장르라고 했다.

형태를 지닐 수 없는 청각을 이용한 예술인 음악의 최대 단점이 (쇼펜하우어에 의해) 오히려 모든 예술 중에서 가장 순수한 예술로 해석된 역설의 순간이었다. 그러한 음악의 순수함이 '의지와 표상의 세계'를 초월하여 인간을 자신의 영혼 가장 깊은 곳까지 도달할 수 있게 하는 위대한 힘을 가졌다고 했다. 이러한 쇼펜하우어의 주장은 당시 바그너의 마음을 사로잡았다. 바그너가 바라본 당시의 세상은 정말 너무 끔찍한 절망이어서 바그너는 그동안 사회적, 정치적 혁명을 통한 개인의 해방과 구원을 갈망했는데 이 글(의지와 표상으로서의 세계)을 계기로 혁명을 통한 유토피아를 꿈꾸는 대신 예술을 통해 열반에 이르는 구원을 꿈꾸는 것으로, 바그너는 창작의 방향을 틀게 되었다.

리하르트 바그너
구원의 형이상학으로서의 음악

리하르트 바그너
(Rihard Wagner, 독일, 1813~1883)

바그너는 '바그네리안'이라는 추종 세력을 가졌을 만큼 막대한 영향력을 지녔던 음악가로 유럽의 음악과 문학에 지대한 영향을 미친 기념비적 인물이다. 그는 주로 오페라를 창작했고 직접 자신의 신념과 사상을 담은 대본을 직접 쓰기도 한 위대한 드라마 작가기도 했고, 직접적으로 정치에 참여하기도 했던 활동가이기도 했다. 다방면으로 열정적으로 활동했던 만큼 그는 음악사에서뿐 아니라 철학사와 그리고 정치적인 역사에도 중요한 위치를 차지하는 그야말로 문제적인 인물이라고 생각된다.

그의 대표작으로는 탄호이저, 트리스탄과 이졸데, 니벨룽겐의 반지, 그리고 최후의 오페라 파르지팔이 있으며, 그의 음악은 특유의 화려하고 세련된, 그리고 웅장한 거대 작품들이 많다. 특히 그의 마지막 작품인 '파르지팔'은 '무대신성제전극'이란 거창한 기치 아래 기독교의 전설(최후의 만찬에 썼던 포도주잔에 관한 전설)을 바탕으로 창작한 작품이다.

아울러 그 역시 많은 예술가와 마찬가지로 끝도 없는 사랑을 염문설로 뿌려댔었다. 아직도 부정적으로 끊임없이 회자하는 여성 편력의 그는 작곡가 프란츠 리스트(1811~1886, 헝가리, 작곡가, 피아니스트)의 사위기도 했다. (물론 바그너는 비단 리스트의 사위만 한 것은 아니다. 그는 여러 번의 불륜과 또 여러 번의 결혼을 반복했다)

정치인으로서의 바그너

　세 번째 오페라, '리엔치'를 상영하는 공연장이 드레스덴에 있었던 관계로 바그너와 그 가족은 오페라 '리엔치'의 상영을 위해 드레스덴으로 이사를 가게 되었는데 그곳에서 바그너는 정치에 직접 가담하게 되었고, 그의 열정적인 정치적 활동은 그를 위기로 몰아넣어 결국 스위스로 망명하게 만들었다. 스위스 망명 시기의 바그너는 매우 가난한 삶을 벗어날 수 없는 고통의 연속이었지만 여기서 그는 쇼펜하우어의 철학을 접하고 매우 의미 있는 예술적 전환점을 맞이했다. 망명 시기에 만난 쇼펜하우어의 철학은 끔찍한 상황에 직면하고 있는 바그너에게 깊은 위안을 주었으며 쇼펜하우어가 말 한 음악관에 깊이 동감하여 창작에 새로운 영감을 얻었다. 쇼펜하우어에게서 영감을 얻어 바뀐 바그너의 음악은 많은 사람들을 바그너의 추종자로 살도록 만들 만큼 큰 성공을 거두었으나 아이러니하게도 예술이 정치의 선동꾼이자 어릿광대로 전락하고, 음악을 모두의 것이 아닌 특정 취향을 가진 특별한 계층을 위한 예술로 만들어버린 나쁜 의미의 계기가 되기도 했다.

　쇼펜하우어가 음악을 예술 중에서 가장 으뜸으로 여긴 이유는 (헤겔과 비슷한 이유로) 음악만이 인간의 감정과 의지를 가장 순수하게 표현할 수 있다는 바로 그 부분이었다.

　청각을 이용하여 마음을 움직이는 예술, 음악만이 감정의 가장 근원을 표현하기에 모두에게 각자의 해석으로, 똑같은 하나의 작품이라도 듣는 이의 마음과 감정 상태에 따라 감상하는 순간순간 전부 다 다른 의미로 다가갈 수 있는 것이 음악만의 고유한 힘이었기에 쇼펜하우어는 음악을 철학과 동행할 수 있는 유일한 예술이라 한 것이다. 즉 쇼펜하우어가 칭송한 음악이란 것은 그러므로 '절대음악'이었던 것, 절대음악이란 오직 '음'만을 가지고 예술의 절대적 가치를 완성코자 창작한 기악곡을 일컫는데 아이러니한 것은 그런 쇼펜하우어에게 깊은 영감을 받은 바그너는 오히려 절대음악이 아닌 모든 예술의 장르를 하나의 작품 안에 망라한 종합예술, 오페라로 방향을 선회하였다는 점이다.

염세주의와 종교적 신비함, 그리고 탐미주의를 작품 안에 모두 실현한 종합예술로서의 오페라 음악의 창작에 집중하면서 바그너는 그의 음악적 입지를 더욱 다지며 승승장구했다.

바그너 음악의 가장 큰 특징은 그의 종합예술이론이 낳은 특유의 '웅장함'에 있다. 그는 오케스트라의 구성을 최대한 광활하게 하여 악기들의 선율이 서로 맞물리도록 소리의 어울림을 확장해 나가는 방식으로 웅장함과 신비로움을 창조해 냈다. 음악뿐 아니라 문학도 그의 작품에서는 매우 중요한 비중을 차지한다. 예술적 도덕성을 핵심 가치로 하는 바그너의 미학 철학 속에서 공연 예술은 사회적인 강력한 영향력을 가진 매개가 되어야 한다고 생각했기 때문이다. 공연을 듣는 관중들은 여흥을 즐기는 목적으로써 예술을 감상하는 것이 아니라 예술만을 위한 엄격한 감상, 즉 예술을 위해 예술을 이해해야 하는 고도의 지식을 바탕으로 한 순전한 감상이 되어야만 한다고 주장했다. 따라서 청중 또한 단순히 예술을 감상하는 관객이 아닌 종교의식에 참여한 회중이 될 것을 호소한 것이다. 이러한 그의 예술철학은 '바그네리안'이라는 추종 세력을 만들어낼 만큼 대중에게 강력한 유혹이 되었다.

그의 음악은 열렬한 추종 세력의 힘을 등에 업고 그 영향력을 계속 넓혀갔으며 1871년엔 그의 음악의 열렬한 지지자이자 금전적인 후원자이기도 한 루트비히 2세(바이에른 왕국의 왕)의 지원과 '바그너 협회'의 조직적 후원 덕분으로 바그너만을 위한 바이로이트 축제 극장을 설립하여 매년 그의 오페라를 정기적으로 무대에 올리는 경지까지 이르게 되었다.

이 바이로이트 음악 축제를 두고 니체는 그의 저서 '바그너의 경우 - 한 악사의 문제'에서 가장 순수한 예술인 음악이 음악으로 존재하지 못하고 사상으로 타락한 전환점이었으며 아울러 모두의 예술인 음악이 특정 부유층의 사교모임으로 전락하게 된 계기라며 강하게 비판하였다. 더 이상 음악이 삶을 위로하고 다시 일어설 힘을 주는 예술이 아닌 예술을 위한 예술, 혹은 예술 작품화된 종교의식으로 전락하게 된 안타까운 일이라며 신랄하게 비판하였다.

"벌어진 상처 때문에 괴로워하듯이 음악의 운명 때문에 괴로워해야 한다… 음악이 데카당스의 음악이 되었고 더 이상 디오니소스의 피리가 아니라는 점 때문에 나는 괴로워한다… 나는 바그너를 사랑했던 것이다"

『니체, 이 사람을 보라』 '바그너의 경우-한 악사의 문제' 중

예술적 도덕성에 대하여

바그너는 비단 작곡가로서만 활동하지 않았다. 그는 정치인이자 여러 개의 작품을 남긴 소설가로, 또 자신의 오페라에 직접 대본을 쓴 극작가이기도 했고 아울러 위대한 사상가이기도 했다. 사상가로서 남긴 그의 저서 『예술가와 대중 Der Künstler und die Öffentlichkeit, 1841』, 『대중과 대중성, 1878』 등에서 바그너는 당시 대중들을 다음과 같은 문장으로 힐난했다.

'왕자가 푸짐한 저녁 식사를 마친 후, 혹은 은행가가 고된 재정 경영을 끝낸 후, 그리고 노동자가 수고로운 하루를 마친 후, 극장으로 가서 휴식과 기분 전환과 즐거움을 찾을 때, 과연 예술가가 무엇으로 그들을 접대할 것이냐는 태도는 일면 정당한 것처럼 보일 수도 있다. 그러나 그런 목적을 위해서라면 예술이 아닌 어떤 다른 것을 사용하는 것이 더욱 예의 바른 일이 아니겠는가?'

이 말은 무슨 의미일까. 쉽게 풀어 설명을 해보자면, 모든 사람이 각자의 고된 삶을 살고 나서 하루의 끝 무렵 그 고단함을 달래기 위한 여러 가지 방법을 찾게 마련인데 그것이 꼭 '음악 감상'일 필요가 있냐는 말이다. 사람들이 극장을 찾은 이유가 고작 하루의 고됨을 위한 '힐링'이라면 그 사람들에게 예술가들이 음악 말고 훨씬 더 즐거운 다른 무언가를 선사하는 것이 더 많이 유익한 일 아니겠느냐는 조롱에 가까운 일갈이었다.

음악의 감상을 위해 극장을 찾은 사람이라면 순수한 음악을 감상해야 한다는 주장이며 그러한 목적을 가진 대중의 욕구를 충족시켜 줄 수 있는 정말 절대적 의미로서의 예술로 존재하는 것만이 음악이 예술의 한 장르로 갖춰야만 할 최소한의 도덕이란 주장이다.

즉 예술을 위한 예술, 감상을 위해 존재하는 음악, 예술의 한 장르로서 그 어떠한 흠결을 갖지 않는 음악, 음들의 향연으로 말미암을 아름다움의 극치, 음으로 이뤄낸 완벽한 이상의 실현. 이것이 음악이 예술의 한 장르로서 갖춰야만 할 최소한의 도덕, 즉 양심이란 것이다.

애초에 니체가 바그너를 숭상했던 이유는 그리스 신화의 비극을 사랑했던 사람이라는 운명의 교집합 덕분이었다. 앞서 머리말에서도 내가 시처럼, 소설처럼 설명한 비극으로서의 디오니소스. 그 디오니소스에 대한 애정 어린 갈망이라는 교집합이 서른한 살이라는 엄청난 나이 차와 철학자와 음악가라는 직업의 차이를 극복하고 귀한 우정을 나누게 한 공통분모였던 것이다. 그러나 바그너가 예술적 도덕성을 추구하면서부터 즉, 디오스소스적인 비극을 등지고 아폴론적인 궁극의 아름다움을 추구하는 교조주의자가 되면서 그들은 우정의 교집합을 잃었다. 바그너의 예술이 삶에의 의지와 힘 그 자체가 되기를 거부하고 대중의 추앙을 받는 어떠한 이상적인 것으로 존재하기를 추구하는 것으로 인해 둘은 더 이상의 동행이 불가능해진 것이다.

예술의 존재 이유는 무엇일까.

예술이 흠결 없는 완벽한 예술로 존재하여 감상 되는 것일까. 아니라면 인간의 삶 속에 함께 녹아들어 의지 그 자체가 되어주는 것일까. 해답은 모두의 가슴 속에 있다. 무엇을 떠올리든 그것이 정답이다. 그 어떤 의견에도 선동되지 마시고 가진 의견 그대로를 실천하고 감상하며 살아가면 그만이다.

> "나는 사람들이 언젠가 나를 신성시할까 봐 두렵다. 나는 성자가 되고 싶지 않다. 나는 차라리 어릿광대가 되고 싶다. 성자들보다 더 한 거짓말쟁이는 없다. 내 입에서 나오는 것은 진리다."
>
> 니체의 '나는 왜 하나의 운명인가' 중

삶의 저편에 존재하는 모든 신성시되는 것들은 하나같이 전부 다 거짓이라는 니체의 절규는 예술이 신성한 어떠한 것으로서 완벽하게 남길 원했던 바그너와는 전혀 다른 세상에 존재하는 것이었다. 니체의 시각으론 삶의 저편이 아닌 차안의 지금, 바로 이 순간을 어릿광대처럼 뜨겁게 살아낸 자기 말이 오히려 더 진리일 수밖에 없었다.

진리로서의 예술, 차안의 뜨거운 삶과 의지로서의 예술.

작가의 첨언, 바그너에 대하여

낭만주의 시대의 가장 정점을 이뤘으며 서양 예술사에 있어 이보다 더 문제적이고 천재적이며 다방면에 위대한 족적을 남긴 유일무이한 음악가, 바그너에 대해 논하면서 그의 복잡했던 사생활과 더불어 극심했던 좌파 활동, 그리고 후에 나타난 반유대주의적 활동이나 히틀러의 총애를 받았다는 사실에 대해서 나는 언급하지 않겠다. 이는 그에 대해 내가 아는 것이 부족해서가 아니라 그저 평론할 의사가 전연 없을 뿐이다. 만일, 이 글을 읽으면서 이에 대해 궁금하다면 굳이 이 책이 아닌 다른 방법으로도 얼마든지 정보를 찾을 수 있을 것이다. 인공지능의 시대, 정보는 어디에든 널려있으니. 나는 이 책에 어디서든 구할 수 있는 정보들을 굳이 나열하지는 않을 것이다. 나는 나의 생각을 사람들에게 알려주고자 이 책을 쓴다.

다만 나의 견해로는 그러한 바그너의 음악 외적 활동으로 인해 그의 음악, 철학, 문학에 관한 판단이 이루어져서는 안 된다고 생각할 뿐이다. 착한 투수가 던진 공을 사악한 타자가 쳤다고 안타가 아닌 것이 아니다. 안타는 안타일 뿐이다. 더 좋은 안타, 거룩하고 성스러운 안타는 그 어디에도 없다. 그저 안타, 2루타, 3루타만 있을 뿐이다. 바그너의 정치 성향이나 여성 편력으로 그의 음악이 다르게 들린다면 그것 또한 감상자의 권리이므로 탓할 수는 없다. 예술이란 예술가가 낳은 자식과도 같은 창작의 산물이기에 어느 정도 예술가와 작품을 완전히 분리하여 판단할 수 없다고 생각한다면 나는 그 의견에 대해서도 반론할 의사가 없다. 그 또한 역시 타당한 의견이기 때문이다. 다만 글을 쓰는 내가 저어하는 것은 감상자의 감정이 어떠한 정보가 만들어 버린 선입견에 의해 미리 정해지는 것이다. 그것이 바로 '선동'이다.

선입견은 색깔 있는 안경과도 같다. 아무리 아름다운 세상도 빨간 안경을 쓰고 바라보면 빨간색일 뿐, 오색찬란한 본연의 색을 있는 그대로 보고 느낄 수 없다.

아울러 같은 의미의 조언을 하나 더 하자면 쇼펜하우어가 극찬했다고 바그너의 음악이 더 고귀해지는 것도 아니다. 반대로 니체가 비판하였다고 해서 바그너의 음악이 더 형편없어지는 것도 아니다. 바그너의 음악에 대한 가치는 감상자 본인만이 부여할 수 있다. 그것이 예술을 감상하는 사람이 가져야 할 마땅한 태도라고 나는 믿는다. 그 어떤 의견에도 흔들리지 않는 확고한 본인만의 기준으로 작품이 가진 본질을 오롯이 감상할 수 있는 능력을 기르는 것, 오직 그 하나만이 감상자가 가져야 할 유일한 덕목이다.

바그너의 작품 중 감상곡으로 '탄호이저 서곡' (Tannhäuser Overture, WWV 70)을 추천하겠다. 비교적 귀에 익은 멜로디가 친숙한 곡이라 마음에 위안이 될 것이며, 연주는 내가 개인적으로 가장 사랑하는, 20세기 가장 위대한 지휘자인 헤르베르트 폰 카라얀 (Herbret von Karajan, 1908~1989, 오스트리아)이 이끄는 베를린 필의 연주로 추천한다.

IV

외면당하는 세상의 한가운데서 자유를 외치다
니체와 비제

프리드리히 빌헬름 니체
비극마저 사랑한 초인의 철학

프리드리히 빌헬름 니체
(Friedrich Wilhelm Nietzsche, 독일, 1844~1900)

사실 예술, 더 정확하게는 음악에 있어서 가장 의미 있는 철학자가 바로 이 '니체'일 것이다. 니체만큼 예술, 그중에서도 순수한 음악(절대음악)의 힘을 믿어 의심치 않았던 철학자는 없었다.

사는 것은 진실로 이르건대 견디기 힘든 '고통'이라고. 철학과 심리학 그리고 정신분석학에 종사하는 많은 전문가들이 한목소리로 말한다. 그러니 산다는 건 진짜 힘들긴 힘든 건가 보다. 삶에 아무런 고통이 없이 그저 평온하게 흘러가는 사람은 세상에 단 한 명도 없거니와

혹여 재수가 좋아 온 우주의 기운이 한 특정인에게 다 몰려들어 그 사람의 사주팔자가 널브러졌다고 해도, 정말 만에 하나 그런 사람이 있다고 해도, 그런 사람은 또 일부러라도 고통을 찾아 기어이 고통과 걱정을 만들고야 만다. 그러니 우리는 각자가 자신의 적성에도 맞고 신념에도 부합하는 그런 '최선의 고통'을 할 수 있는 한 빨리 찾아야만 한다. 그것이 불필요한 고통에 자신을 시달리게 하면서 인생을 낭비하는 비극으로부터 자신을 지키는 일이라고 나는 믿는다.

앞서 쇼펜하우어는 결핍은 고통을 낳고, 또 과잉이 낳은 잉여는 반드시 무기력과 권태를 말미암는다고 했다. 그런 측면으로 생각해 본다면 사실 결핍보다 어찌 보면 잉여로 말미암은 권태와 무기력이 인간에게는 더 위험할지도 모른다. 결핍은 때로 인간에게 큰 자산이 되기도 하고, 삶을 향한 의지와 욕망, 혹은 원동력이 될 수도 있지만 이 무기력과 권태는 결코 인간의 삶에 좋은 것을 가져오지 않는다. 권태의 종말은 반드시 타락이다.

권태가 얼마나 무서운지 사람들은 알까.

권태의 무서움이 상상이 잘 가지 않는 사람이 있다면 반드시 조선의 천재문인 이상(1910~1937)의 수필 '권태'의 일독을 권장하는 바이다.

> "나는 이 대소 없는 암흑 가운데 누워서 숨 쉴 것도 어루만질 것도 또 욕심나는 것도 아무것도 없다. 다만 어디까지 가야 끝이 날지 모르는 내일 그것이 또 창밖에 등대하고 있다는 것을 느끼면서 오들오들 떨고 있을 뿐이다."
>
> 12월 19일 미명에, 동경에서, 이상

이상은 구한말, 조선에서 아무것도 이룰 수 없는 자신을 한탄하고 또 스스로를 연민했었다. 되는 일이라고는 하나도 없던 절망의 천재문인 이상은 설상가상, 엎친 데 덮친 격으로 결핵을 앓던 폐병쟁이였는데 병환이 깊어진 어느 날 팔봉산 자락(강원, 홍천)의 그 어딘가로 떠난 요양 여행 중, 그 지루하던 하루하루를 보내던 자신의 권태로운 심리를 세밀하게 묘사한 수필이 바로 저 '권태'라는 작품이다. 아무것도 보이지 않는 암흑, 그 속에 누워 잠도 오지 않는 시간의 과잉으로 말미암은 잉여의 밤에 그 무엇도 바라지 않는 무력한 자신이 두려워한 것은 병환으로 죽는 것도 아니요, 비참한 자신의 비루한 팔자도 아닌, 똑같이 반복될 것이 나무도 뻔한, 절망의 오늘과 반드시 똑같을 내일이 필히 또 올 거라는, 바로 지극히 두려운 권태였다.

매일 반복되는 이 권태를 오들오들 공포에 떨며 기다리는 불쌍한 영혼들의 구원을 위해 세상에 온 철학자가 바로 저 위대한 니체다.

니체는 저 이상의 권태에 대한 고민을 너무나 잘 알고 있었다.

그래서 **영원회귀**라는 철학 이론을 냈다.

누구의 삶이라도 반드시 어제가 재현된 오늘이, 그리고 오늘이 반복되는 내일이 이어진다는 것이다. 언제까지? 영원히! 그래서 우리는 어찌해야 하느냐? 저 불쌍한 폐병쟁이 이상마냥으로 오들오들 두려움에 떨고 있어야 하느냐? 이에 대한 질문에 니체가 내놓은 대답이 바로 영원회귀다. 두려워하지 말고 오늘을 그저 인정하고 받아들이라는 것이다. 있는 그대로의 자신의 운명을 사랑하고 인정하면 그 오늘을 내일 다시 반복돼도 후회 없이 좋을 만큼 만족한 하루로 채울 수 있게 되고 그렇게 삶을 긍정할 때 비로소 '극복'이란 것도 가능해진다는 것이다.

쇼펜하우어나 니체나 고통스러운 삶의 비극을 잘 이해하고 있었고 세상을 향해 고통을 해소하기 위한 해법을 각자의 철학으로 내놓았는데 쇼펜하우어의 처방은 고통을 아예 생기지 않게 고통을 유발하는 인간의 의지 즉 욕망과 소망 그리고 본능적인 욕구를 금욕으로 다스려 아예 안 생기도록 하라는 것이고 니체의 처방은 그건 도망이고 회피에 불과하기에 그렇게 도망가는 인간은 비겁하고 나약한 존재일 뿐이므로 오히려 그 의지를 더욱더 가져라, 그래야 그 의지를 원동력으로 삶의 힘을 얻을 수 있다고 했다. 그렇게 의지로부터 얻은 삶의 원동력을 추진력으로 삼아 자신의 운명을 스스로 사랑할 수 있고 또 극복하는 힘을 얻어 초인(위버멘쉬)으로서의 자기 삶을 살 수 있다는 것이다.

Amor Fati! 운명을 사랑하라!

니체는 인간만이 슬픔과 그 슬픔으로 말미암은 비극을 사랑할 수 있다고 했다.

예를 들어 상상해 보자.

여기에 한 인간과 개 한 마리가 있다. 인간과 개는 둘 다 다리를 심하게 다쳐서 의사가 진단하길 절단할 지경까지 이르렀다고 했다. 그 상황에서 인간과 개 모두는 치료를 위해 다리를 절단하느냐 마느냐의 결정과 판단을 위한 엄청난 고민이 필요할 것이지만 일단 그 고민은 차치하기로 하자. 고민보다 지금 더 시급한 건 심각하게 다친 다리의 고통이 정말 어마어마하다는 것이다. 엄청난 고통도 고통이거니와 이대로 다친 다리를 둘 수도 없는 노릇이고 유일한 치료는 다리를 절단하는 것뿐이라니 고민은 상황만 더 악화시킬 뿐이다. 인간과 개 모두는 병원으로 가서 다리를 치료하기 위한 절단을 감행하기로 한다. 이제 인간과 개는 모두 다리를 하나씩 잃었다. 다리를 하나 잃은 개는 다리가 없어졌다는 사실보다 엄청났던 통증이 없어진 것에 더 만족하여 다리가 하나 없는 자신을 더 이상 연민하지 않았다. 그러나 다리를 절단한 인간에겐 또 다른 불행이 다시 시작되었다. 인간은 통증이 해결되고 병을 치료한 만족보다 다리가 하나 없어져 신체 중의 일부를 잃은 자신에 대한 연민이 더 강해서 (치료된)행복보다 (신체를 잃은) 비탄에 더 빠지게 되었다. (물론 이러한 예시를 들어 내가 말하고자 하는 바는 인간만 슬픔을 느낄 수 있다는 말이 결코 아니다. 슬픔을 받아들이는 조건이 여타의 동물보다 인간이 훨씬 더 예민하다고 복잡할 수 있다는 것을 말하고자 함이다. 당연히 모든 살아있는 생명은 슬픔과 두려움 등의 모든 희로애락을 다 느낄 수 있다는 것을 나는 잘 알고 있다.)

극심한 통증에서 해방되어 더 이상은 고통스럽지 않은 개와, 지체를 잃은 슬픔에 빠져 또 다른 고통의 늪을 헤매고 있는 인간. 둘의 입장에 대해 우리는 한 번쯤 고민할 필요도 있지 않을까 한다.

피할 수 없는 고통이 우리에게 찾아왔을 때 인간은 필히 이 비극을 사랑할 필요가 있다고 니체는 주장했다. 이는 앞서 예로 들어 설명한 개의 경우처럼 상대적으로 큰 문제를 해결했으니 덜 큰 문제가 있음은 그저 포기하거나 잊고 살아가라는 동물적 수준의 사고를 요구하는 것도 물론 아니다. 지체를 잃을 수밖에 없었던 상황을, 그런 상황을 받아들일 수밖에 없었던 스스로를 인정해야 한다는 것이다. 인정하고 받아들인 후엔 하나의 지체를 잃은 나 자신을 있는 그대로 사랑해야 한다는 것이다.

그런 내가 다시 또 살아가야 할 '영원회귀'의 나날들을 뜨거운 열정으로 끌어안아야만 한다는 것이다. 남이사 뭐라고 하든 말든 이것이 내가 선택할 수 있었던 가장 최선의 결정이었음을 인정하고 그럴 수밖에 없었던 나의 상황을 가감 없이 받아들이며 그런 내가 앞으로 살아나갈 나의 날들을 사랑하라는 것이 바로 진정한 '아모르 파티'(Anor Fati)다.

슬픔마저 기꺼이 사랑하기 위한 유일한 방법은 슬픔을 '인정'하고 '극복'하는 것이다. 이것이 니체가 주장하는 '디오니소스 정신'이다.

개인적인 견해로 나는 쇼펜하우어의 '금욕'보다는 니체의 '극복'을 통한 아모르 파티(Amor Fati)가 더 와닿는다. 금욕으로 의지의 싹을 잘라 고통의 씨앗을 애초에 없애라는 그 말은 그저 무를 갈망하라는 것과 다르지 않다. 인간은 본능적으로 의지(갈망)를 갖는데 쇼펜하우어의 철학은 인간의 본능인 그 갈망의 의지 자체를 아예 없애지는 못했다. 갈망을 제거하려는 '의지' 역시 또 다른 '갈망'일 뿐이다. 때문에 실상은 그저 무(無)를 갈망하라는 주장이므로 명백한 모순이다.

니체의 '영원회귀'에는 적어도 그런 모순은 없다. "의지를 없앨 수는 없다, 그것은 본능이므로. 그러니 그 의지를 더욱 긍정함으로써 차라리 극복할 수 있는 힘을 얻으라"는 말이 역시 어쩔 수 없이 고통 속을 살고 있는 나에게는 더 큰 위안과 용기가 되어주었다.

철학자인 니체가 음악을 들으며 위로받았듯이 음악가인 나는 이처럼 철학으로 삶의 깊은 고통을 위로해 주는 위안받곤 한다.

피아니스트가 왜 철학을 공부하나요?

혹자들은 왜 음악가가
삶의 고통을 음악으로 치유하지 않고
철학으로 치유하느냐 묻는다만 나는 반문하고 싶다.
변호사는 그럼 법전에서 위안을 받을까?
의사는 수술 도구를 만지면서?

음악이 직업인 나에게
음악은 늘 넘어서야만 하는 커다란 산이다.
내가 받는 스트레스 대부분이 음악으로 기인한 것이거늘
어찌 내게 위로가 음악에서 올까.

신은 죽었다.

니체가 했다고 알려진 말로 너무 유명한 말이다.

실제로 니체는 그의 많은 저서에서 일관되게 말한다. 그리스도교의 위선과 억압, 그 부조리에 대하여. 그러나 내가 예술가의 예민한 시각으로 니체의 심리를 조심스레 들여다보자면 그는 오히려 신의 존재 자체가 없다고 부정하는 쪽은 아닌 것 같다. 오히려 곳곳에 인용한 성경 구절들이나 그리스 신화에 나오는 신들의 이름들이 다른 철학자들에 비해 과도하게 많이 나오는 편이다.

니체는 인간이 관여할 수 없는 어떠한 미지의 영역이 분명히 존재한다는 것에 대해서는 정확하고 단호한 어조를 동원하여 부정하지 않았다는 말이다. 오히려 그 존재를 강하고 단호하게 부정하는 사람들을 강박이 있는 사람으로 보았다. '신이 없는 세상'이 인간에게 어떤 감정과 윤리적 무게를 남기는지에 더 관심이 많았던 것으로 보인다. ("신은 과연 존재하는가."에 대한 철학적인 고민에 대해서도 쇼펜하우어는 앞서와 마찬가지로 모순을 가진다. 쇼펜하우어는 불교와 인도의 힌두교를 접하고 나서 관련하여 매우 깊이 있는 연구를 한 것으로 전해지는데, 나의 반론은 과연 불교는 종교가 아니냐는 것이다. 부처도 신은 신이다.)

그러므로 니체의 수많은 저서를 읽고 난 후 그의 철학적 견해를 해석해 본 나의 예술가적 견해로 니체가 부정한 것은 예수나 하나님, 즉 신이라는 존재 자체라기보단 당시 유럽을 지배하던 그리스도교의 시스템이었던 것 같다. 당시 루터가 이룬 종교개혁의 영향 탓에 기독교가 죄에 대한 양심의 가책과 그에 따른 책임을 과도하게 교육함으로써 사람들의 생각과 행동을 아무것도 할 수 없으리만큼 옥죄는 것에 대한 저항이었다.

왜냐하면 첫째, 기독교는 고통으로 가득한 이 세상의 원인을 '인류의 원죄'로 환원함으로써 아예 극복할 수 없는 것으로 만들어 버렸고, 둘째, 신이 인간을 창조할 때 선사한 가장 거룩한 선물인 '자유의지'를 고작 죄에 대한 단죄를 위해 사용함으로써 고통을 벗어날 방법은 너희 스스로에겐 없다고 각인시켰으며, 셋째, 존엄한 인간을 무기력한 존재로 전락시킴과 동시에 고통을 벗어날 방법은 오직 믿음을 가장한 무조건적인 (교회에 대한) 복종이며 피안(죽은 후, 믿음에 대해 보상받는 상벌 개념으로서의 천국) 외엔 없다고 세뇌했기 때문이다. 따라서 넷째, 인간은 그 보상(피안, 영생, 혹은 천국)을 차지하기 위해 지금의 차안(이생)을 반드시 교회라는 제도 안에 스스로 갖다 바쳐 가두어야 하며, 그것만이 유일한 도덕이요, 그것만이 성스러운 삶이라는 억압적인 위선을 기독교는 강조하였다. 니체는 바로 이 점을 강하게 비판한 것이다.

그리스도교에서 죄로 규정하는 모든 것들은 사실 인간의 본능이다. 배고프면 먹어야만 하고 졸리면 자야하듯 건강한 신체를 갖고 있는 사람이라면 모두가 느끼는 것이 마땅한 성적인 본능이나 성적 행위 등에 과도한 죄책감을 씌우는 것도 니체는 분노했다. 성서에 따라 논리를 펼쳐보자면 "인간을 신이 창조한 것이 맞다면 그 인간의 신체 안에 존재하는 모든 본능 또한 마땅한 신의 창조 섭리 안에 들어있는 것이거늘 그 본능을 죄로 규정하는 것은 곧 성적인 본능을 탑재하여 인간을 창조한 신을 단죄하는 것 아니더냐. 그러니 그것은 그저 모순이 아니냐."는 항변이다.

그러한 성찰의 과정 없이 고분고분 스스로 그 시스템 안으로 뛰어들어가 죄에 대한 강박으로 공포에 바들바들 떨며 자신의 삶을 두려움으로 채우는 어리석은 민중들을 니체는 경멸했다. 니체에게 그런 대중은 노예였다. 그리하여 니체는 자신을 인류 최초의 비도덕자로 규정했고 과거로부터 내려오는 전통적 가치를 모두 '우상'으로 규정한 것이다. 인간의 자유와 존엄을 옭아매는 낡은 우상, 그 우상들을 몰락시켜야만 한다고, 그런 의미로 신은 이미 죽었다고, 신도 그런 의미에선 우상이라고, 우상의 몰락, 그 우상의 황혼.

"긍지에 가득 차 있는 훌륭한 인간, 이 세계를 긍정하는 인간, 미래를 확신하며 미래를 보증하는 인간에 대한 반대가 이상적인 것으로 간주되는 것이다. 이런 인간은 이제 악인이라고 불린다. 그리고 이 모든 것이 도덕으로서 신봉되었던 것이다! 이 파렴치한 것을 분쇄하라!" 내 말을 이해했는가? 디오니소스 대 십자가에 못 박힌 자!

나는 왜 하나의 운명인가(니체) 中

디오니소스

그리하여 니체는 디오니소스를 사랑했다.

그것에 대해 이해하려면 우리는 니체의 걸작 중의 걸작인 '비극의 탄생'을 들여다봐야 한다. 초판의 제목은 '음악 정신으로부터의 비극의 탄생'이었다. 제목에서부터 애초에 이 위대한 철학자는 이 책을 음악과 철학을 버무려서 쓸 작정이란 저자의 의지가 보인다.

> "음악이 없는 삶은 오류다. 고작 피곤한 일이며 유배 같은 나날에 불과할 뿐이다. 음악이 사람의 정신을 자유롭게 한다는 것을 사람들은 알까요? 인간의 사유에 날개를 달아준다는 것을 알까요? 음악가가 될수록 더욱 철학자가 된다는 것도!"
>
> 니체

니체는 음악을 많이 사랑했다. 그리고 삶의 힘, 그 자체로 보았다. 앞서 언급한 대로 니체는 의지를 갖지 않겠다는 염세주의에 반대했다. "《의지의 표상으로서의 세계》에서 모든 비극적인 것을 이기는 힘은, 세계와 인생은 참된 만족을 줄 수 없으니 우리가 매달릴 만한 것이 못 된다는 인식의 출현이다. 이런 인식은 비극의 정신이 담겨 있으며 비극의 정신은 체념으로 이어진다." _『비극의 탄생』 서문 中

니체는 『비극의 탄생』 서문에서 쇼펜하우어의 논리를 또한 비판했다. 쇼펜하우어가 한 저 위의 말은 모든 비극을 이길 힘은 만사의 부질없음을 깨닫는 것부터 시작되며 그 깨달음은 반드시 체념으로 이어진다는 것인데 니체는 **"아니외다! 너희들은 우선 차안**(此岸, 고통이 있는 이 세상)**의 위안인 예술부터 배워야 한다!"**라고 맞서며 이 책의 저술 의지가 바로 예술을 통한 삶의 의지, 그 힘을 회복하게 하는 바로 거기에 있음을 못 박은 것이다.

쇼펜하우어에게 예술과 음악은 고통스러운 삶의 도피처였지만 니체에게 음악과 예술은 삶, 그 자체였다. 예술과 음악이 주는 그 위대한 형이상학의 위로를 깨닫지 못할 거라면 차라리 그 진리를 비웃을 각오라도 되어있어야 할지니! 비웃음조차 장착하지 못한 너희들은 진정한 의미의 염세주의자들이 아닌 그저 패배주의에 찌든 도망자라고 비난하면서.

아울러 이 책은 바그너에게 헌정되기도 했다.

니체는 바그너를 가장 위대한 음악가로 신봉했었다. 바그너의 초기 창작 성향은 그리스의 비극을 찬미하는 것에 있었으니 니체의 철학과 딱 맞아떨어진 것이었다. 하지만 후에 그는 바그너가 쇼펜하우어의 영향을 받아 음악을 하나의 이상으로, 그리하여 인간을 위한 예술이 아닌 예술을 위한 예술이 될 수밖에 없도록 또한 신념으로, 종교적 신앙심의 고취를 위한 수단으로 만들려고 하는 여러 음악적 시도를 비판했다. 온갖 신념과 신앙을 표현하기 위한 신비스러움을 유발하는 장치들과 거대한 규모의 연극적인 요소와 연출들이 과도하게 가미된 바그너의 오페라들은 청중을 감성적으로 마취시켜 치열한 현실을 부정하고 도피하게 하여 그것이 하나의 '종교'가 되거나 또 다른 자신만의 세상에 살도록 가두는 수단으로 전락했다며 비판했다.

그러나 그건 나중 일이고 비극의 탄생을 썼던 저 당시의 니체는 정말로 바그너를 숭상했다.

> "예술을 고작 삶의 엄중함에 곁들일 즐거운 오락이나 혹은 없어도 좋을 방울소리 정도로 여기는 사람들이라면 아마도 그들은 미학적 문제들을 그렇게 진지하게 다루는 우리가 마뜩잖을 것입니다. 그들은 삶의 엄중함과 마주한다는 것에 대해 모를 테니까요! 그들은 마침내 알게 되리라! 내가 예술을 지상의 과제로, 인생의 본격 형이상학적인 활동이라고 여긴다는 것을! 이 길을 앞서간 나의 숭고한 선배 투사이자 이 책을 헌정하고자 하는 바그너를 본받아."
>
> 『비극의 탄생』 中 바그너에게 헌정한 서문 中

훗날 니체는 이 말에 대해 스스로 후회했다.

『이 사람을 보라』, 그의 마지막 저서이자 자서전인 그 책에서 니체는 이 '비극의 탄생'에 대해 가장 먼저 언급한 것이, 이 책이 많은 사람들에게 '바그너의 숭배'를 위한 수단으로 이용된 것은 명백한 자신의 과오라고 인정하며 후회했다. 이미 1878년쯤 그들은 이미 균열하고 있었다. 니체는 그즈음 완성한 '인간적인 너무나 인간적인'이란 글을 바그너에게 보냈고, 바그너는 그의 마지막 작품 '파르지팔'을 보냈는데 니체는 훗날, 이 사건을 '아주 잘 갈려진 전투용 검이 공중에서 굉음을 내며 서로 부딪히는 것'과 같은 일생일대 거대한 사건으로 회상했다.

바그너는 점점 더 기독교적으로 되었고 교조주의자처럼 굴었다. 반면 니체는 점점 더 반기독교적이고 반도덕주의자가 되었으니, 둘은 서로를 이해하고 받아들이기 정말 어려웠을 것이다. 그렇게 멀어지기 시작하여 니체는 후에 **'바그너의 경우-한 악사에 대하여'**라는 글에서 본격적으로 바그너의 음악을 비판했다. 니체의 견해로는 변하지 않는 영원불멸의 가치만을 진리라고 여겼다. 그리고 시대가 요구하는 필요에 따라 발생하는 유행 같은 이념이나 이상 같은 것들은 전부 우상, 즉 거짓이라고 생각했다. 바그너의 음악은 절대적 가치를 추구하던 순수한 '절대음악'을 버리고 신념과 이상을 지닌 정치의 어릿광대로 전락한 점을 꼬집었다.

진리로서 변하지 않는 가치를 지닌 철학, 예술, 종교 등으로 얻는 희망과 위로에 의문을 품어야 한다면 기쁨의 원천은 메마르게 될 것이다. 이런 이유로 특정 계층만이 누리고 이해하고 즐기는 '고급문화'는 인간의 머릿속에 반드시 두 개의 뇌를 제공해야만 한다. 상반되는 전혀 다른 이상과 진리가 하나의 뇌에 받아들여질 수는 없지 않나. 이웃 사랑에 대해 집요하리만큼 강요하는 그리스도교의 사랑을 말하면서 유대인을 아무렇지도 않게 탄압하는 그 뻔뻔한 이중성을, 가난한 자들을 위해 이 땅에 내려온 구세주의 사랑과 구원을 말하여 끊임없이 가난한 나라들을 먹어 치우기에 급급한 독일의 제국주의를, 그 권력을 향한 욕망의 근원을, 그런 성스러움과 게걸스러움이 소화불량조차 일으키지 않고 받아들여진다면 그것은 위선이 아니겠느냐는 것이다. 그렇게 니체는 바그너의 음악도 음악 본래의 모습을 잃고 타락했다고 생각했다. 위로와 치유를 위한 힘과 의지는 사라지고 오직 대중을 선동하기에 바빴으니까.

그렇다면 니체가 꿈꾸는 삶의 의지와 힘, 그 자체로의 음악은 무엇이었을까? 니체에게 음악 감상은 칸트의 그것처럼 제삼자의 감상자의 시각에 머물지 않고 창작자 그 자체이거나 몸소 적극적으로 동참하는 참여자의 개념이다. 예술은 현실을 넘은 가상을 창조하지만, 그 가상은 현실에 대한 부정이나 도피, 혹은 멀찍이 위치하여 구경하는 숭고함이 아닌 현실의 대지이고, 삶의 새로운 가능성이며, 우리의 힘을 최고로 고양하는 진정한 진리이다.

음악, 더욱이 니체가 숭상하는 '절대음악'은 인간의 감정을 인과 없이 순수하게 표현하는 유일한 장르이다. 이는 단순히 감상자의 수준에 머물지 않은, 적극적 창작자, 혹은 참여자에겐 그 음악을 통해 직접적으로 감정 분출이 가능하게 하기도 하고 그렇게 감정을, 음악을 통해 분출하면서 자신의 내면 깊은 곳에 자리한 본질적 감정에 직면하게 한다. 분출과 수용은 하나로 물아일체 되어 감정을 극도의 황홀경에 이르게 하고 그 황홀은 곧 최고의 긍정이 된다. 아울러 이러한 궁극의 '긍정'은 삶에 일어난 모든 것들을, 그것이 견딜 수 없는 고통이나 슬픔 등의 모든 비극에 대해 발생한 공포일지라도, 자기연민을 초월한 말할 수 없는 기쁨과 용기가 된다는 것이다.

"비극을 마주했을 때도 두려워하지 않고 당당할 수 있을 때 인간은 고통으로부터 부활하는 것이다."

니체는 이런 진리로서의 예술, 음악을 동경했다.
그러나 점점 예술은 '우상의 황혼'처럼 저물었을 뿐이다.

많은 것을 말하고자 하는 사람은 오래 조용한 법이고 번개에 불을 붙이고자 하는 사람은 아주 오래도록 구름에 머물며 때를 기다려야 하는 법일진대 언젠가부터 예술가와 대중은 예술이란 기적처럼 갑자기 나타나는 것으로 착각하기 시작했고, 예술가들은 그 환상을 이용했다. 창작의 초기 단계부터 맹목적인 무질서와 비현실적인 망상을 과대 포장하여 작품에 끌어들였다. 그러나 니체는 이런 절망적 상황에서도 예술의 존재를, 그 존재가 주는 힘을 믿었다.

철학이 인간의 진심 어린 마음을 만나 낳은 것이 디오니소스적인 예술이라면 철학과 예술은 절대로 지지 않을 것이다. 인간은 금지된 것만을 추구한다. 그리고 이 세상엔 오직 진리만 금지되어 있다.

> "삶에 대해 이렇게 궁극적이면서도 가장 기쁨에 차 있고 가장 충만하면서도 가장 의기양양한 긍정은 최고의 통찰일 뿐 아니라 가장 심오한 진리이다. 결국 나는 음악의 디오니소스적 미래에 대한 희망을 포기할 이유가 전혀 없다."
>
> 『이 사람을 보라』 中 비극의 탄생 편

초인이 저문다. 위버멘쉬의 황혼

이렇게 스스로를 긍지에 가득 찬 오늘을, 내일을, 영원히 긍정하고 극복하여 초인으로 모든 우상을 황혼으로 저물도록 주장했던 니체는 실은 여린 남자였다. 결핵과 우울증과도 같은 병마에 항상 시달렸고 매번 파격적인 글을 발표했기에 직장은 늘 불안했고, 그가 내는 책은 100권을 팔기도 어려웠다.

니체의 전공은 철학이 아닌 고전문헌학이었다. 그는 단 한 번도 철학을 강의하지 않았다. 그러한 삶은 니체에겐 고역이었다. 철학과 예술 온갖 형이상학을 연구하여 글을 쓰고 발표하는 것을 위해 휴직과 복직을 반복하다가 결국 교수직을 사직했고, 백수가 되어 더 이상 돈을 벌 수 없었던 니체는 그 와중에 자신은 물론 여동생과 엄마의 생계마저도 걱정해야 했다. 아울러 갈수록 확신에 찬 확고한 반기독교적 사상을 발표하지만, 막상 연금은 기독교대학에서 받고 있어서 그 연금이 끊어져도 아무 저항조차 할 수 없다는 자신의 입장과 처지를 스스로 누구보다 잘 알고 있었기에 금전적인 면에서도 늘 불안했다. 천하의 위버멘쉬도 돈 앞에서는 그 거룩한 무릎을 꿇는 것일까.

그렇게 불안정하던 니체의 삶에 정상적이란 수식어를 더 이상 쓸 수 없도록 종지부를 찍는 사건이 있었으니 바로 운명의 여인 루 살로메 (1861~1937, 작가, 러시아)와의 만남이었다.

왼쪽부터 루, 레, 니체

루는 당시로서는 매우 드문 재원이었다. 여성이 사람이 아닌 그저 '암컷'에 지나지 않았던 시대라는 것을 감안하면 그녀는 정말 특별했다. 그녀는 정신분석학자였으며 문학평론과 소설을 발표한 작가기도 했다. 철학에도 깊은 조예를 지닌 그녀는 게다가 아름답기까지 하여서 그런 루에게 니체는 한눈에 반한 것은 인지상정이겠으나 그런 매력적인 그녀에게 니체 같은 남자가 어디 하나둘이었을까. 이미 그녀는 당대 내로라하는 예술인(예를 들어 바그너 정도?)들은 물론 이름 없는 범부에 이르기까지 그녀의 남성 편력은 실로 대단한 것이었다. 아름다운 여인은 반드시 선하다. 여기서 내가 말하는 아름답다는 것의 정의는 타고나길 아름답다는 것으로서 요즘 미의 기준으로 기준 체중도 채우지 못한, 얼굴에 의술의 도움을 과도하게 받은 그런 '갑자기 예뻐졌을 뿐인' 여인들을 일컫는 것이 아니다. 그런 여인들은 사악하다. 예쁘지 않았던 때에 받았던 설움을 예뻐지고 나서 반드시 복수하며 산다. 그러나 타고나길 아름답게 태어난 여인들은 선할 수밖에 없다. 아주 어렸을 때부터, 아니 태어났을 때부터 세상은 그들에게 호의적이었으므로 그들은 악한 것을 보고 매울 틈 자체가 없었다. 그러나 각별히 아름다운 여인은 결국 나쁜 인간일 수밖에 없다. 가만히 있어도 많은 남자가 알아서 덤벼들었을 뿐임에도 그녀들은 겨우 '꼬셨다'라는 세간의 수군거림을 들을 것이고 무언가를 스스로의 노력과 안간힘으로 이뤄내도 어쨌거나 결국은 '예쁘니까'로 귀결되어 아무도 그녀의 '노력'을 인정해 주지 않는 좌절을 경험할 것이다. 단 한 순간도 원하지 않았지만 아름다움은 반드시 권력이 되어 그녀의 손에 쥐어진다.

결국 그녀는 원했던 모든 것을 이룬다. 그것이 사랑이든 일이든 그 무엇이든 간에. 그러한 아름다운 여인의 성취는 모두를 경쟁의 바깥으로 내몰고 경쟁의 밖으로 밀려난 아름답지 못한 인간들의 왕따를 당하지만 아름다움이란 권력을 지닌 여인은 경쟁의 피라미드 가장 상위에 있는 세상의 포식자가 되어 결국은 그 권력을 누리는 처지가 된다. 아름다움이 권력이 되는 순간, 그것은 모두에게 불행을 야기할 뿐이다. 이것이 아름다운 여인의 불행이다. 경국지색, 아름다움은 나라도 망하게 한다지 않나. 계몽된 사회, 맹목적 믿음을 요구하는 모든 신화 속의 신들은 죽었으나 그들의 질투는 남아 있다. 루도 아름다웠고 뛰어난 재능을 가진 여인이었으므로 그녀의 아름다움과 재능은 곧 권력이 되어 많은 남자가 스스로 그녀에게 뛰어들었겠으나 결국 그 권력을 거부하지 않았던 것이다.

니체도 그녀의 늪으로 스스로 뛰어들었다. 니체는 루에게 두 번의 프러포즈를 했다. 그러나 말하지 않아도 불 보듯 뻔한 결과. 그러던 와중에 루는 정말 파격적인 제안을 하는데 바로 3인 동거를 제안했다. 니체와 루, 그리고 니체의 친구이자 역시 철학자이며 정신분석학자인 파울 레, 이렇게 셋이서 함께 살아보자는 제안이었다. 지금의 시각으로도 너무, 그리고 또 너무나 파격적인 생각이었으나 이미 니체는 그녀의 늪에 빠져버린 후였다. 연애에 서툰 니체는 맹목적이었을 것이 분명했고 그렇게 해서라도 니체는 그녀를 잡고 싶었을 것이고 그렇게라도 해서 그녀의 곁 한 귀퉁이라도 놓치지 않고 싶었을 것이다. 이해한다. 항상 더 많이 사랑하는 쪽은 굴욕을 견딘다. 그것도 매우 기꺼이, 그리고 행복하게, 아울러 그마저도 감사해 마지않으면서.

3인 동거라는 파격적 제안을 니체는 받아들였고 그 비정상적인 동거를 그들은 '삼위일체'라고 불렀다.

"인생은 고통이요 영원히 반복되는 영원회귀 그러므로 인간은 디오니소스의 예술을 향유하며 삶에의 의지와 힘을 얻고 그 힘으로 이 영원히 반복되는 고통을 비극으로 승화하고 그 비극마저 사랑하라!

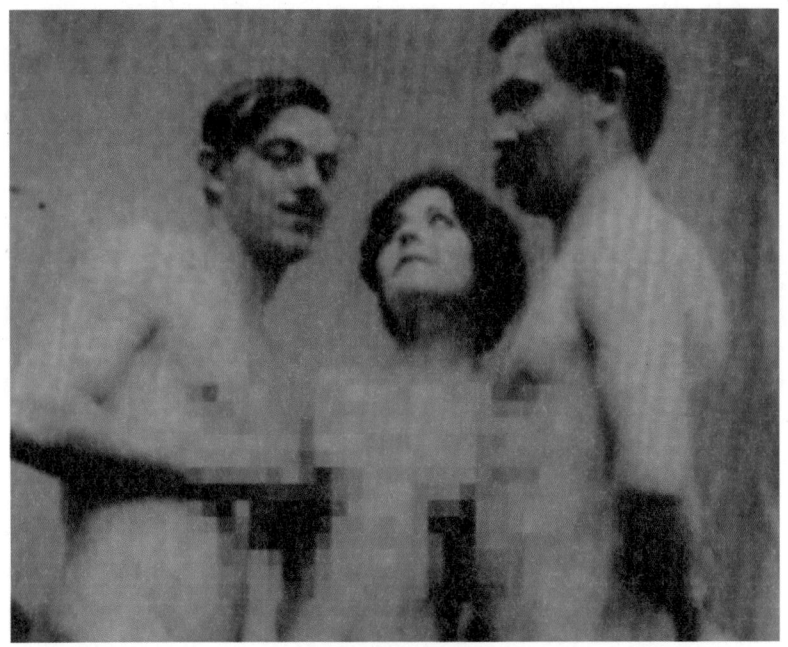

레, 루, 니체, 삼위일체

그것을 방해하고 옥죄고 단죄하려는 그 모든 것을 거부하라! 그것이 전능하신 신일지라도!" 이런 멋진 철학의 이론을 거침없이 쏟아낸 니체의 사랑치고는 너무 초라하고 비굴했다. **그것이 내가 개인적으로 찾아낸 니체의 유일한 모순인 것도 같다.**

파격의 결말은 구구절절한 설명을 동반하지 않아도 자명할지어다! 파격의 결말은 파멸이었다.

파멸을 맞은 니체는 죽음과도 같은 이별의 고통을 잊기 위해 엄청난 양의 아편에 손을 대기 시작했고 이제 그의 인생에 더 이상 '정상적'이란 수식어는 어디에도 붙일 수 없도록 망가지게 되었다. 그리고 삼위일체 중 하나였던 또 다른 남자, 파울 레는 훗날 투신자살했다.

> "파괴할 때 느끼는 쾌감 자체가 디오니소스적 과제를 위한 결정적인 전제조건에 속한다. '가혹해지라!'라는 명령, 그리고 마음속 가장 밑바닥에서 모든 창조자는 가혹하다는 확신을 갖는 것이야말로 디오니소스적인 본성을 갖는 자의 가장 특징적인 표지다."
>
> 『차라투스트라는 이렇게 말했다』 中

사랑이 무엇이관데

전통적 가치관에서 바라본 사랑은 숭고한 것이다. 사랑하는 대상에 물아일체 하는 것이고 자신의 이익에 반하는 선택을 함에 있어 주저하지 않는다. 훗날 카를 마르크스라는 철학자는 인간이란 자신의 이익에 반하는 선택을 할 수 없다고 한 것에 비추어 보았을 때 이는 불가능한 판단이고 선택이나 사랑은 그 모든 것을 뛰어넘는다.

그러나 니체는 사랑을 이기적인 감정으로 보았다. 투쟁하고 쟁취하여 사랑하는 사람의 마음을 얻어내야 한다고 했다. 상처 받으면 관대해지지 못 하고 신마저도 자신이 창조한 피조물인 인간에게 베푼 사랑을 거두어 간다. 인간이 경외로 지극한 사랑을 표현하여 갚지 않는다면 돌변하여 온갖 재앙을 내린다고! 노아의 방주 때를 보아라! 물을 재앙의 재료로 삼아 온 세상을 다 쓸어버리지 않았느냐고! 그러나 이러한 주장을 하는 니체는 그저 사랑의 문외한일 뿐이다.

사랑은 혼자 하는 것이 아닌 둘이서 하는 것이다. 누군가 이기적이라면 상대는 반드시 이타적이어야만 관계라는 것이 지속되는 것이다. 누군가가 쟁취하려 한다면 상대는 기꺼이 내줘야 하고 관계 속에 일어나는 상처에 대해 누구도 재앙으로 단죄하거나 복수하지 않는다. 왜? 사랑은 서로 주고받는 것이니까. 이기적인 입장에 얼마든지 내가 위치할 수도 있다. 그리고 상처를 주는 처지에 어느 땐가 내가 있지 말란 법도 없다.

사랑을 그렇게 일방적인 입장으로 누군가는 이기적이기만 하고 누군가는 희생적이기만 하다고 규정하는 순간 사랑은 그저 불가능한 것이 된다. 그 누구도 희생만을 할 수 없고 그 누구도 쟁취하기만 하며 이기적일 수 없는, 사랑은 둘이 하는 상호작용이다.

사랑의 본질을 니체는 운명의 비극적 장난이라 했다. 맞다. 그 어떤 사랑도 아픔과 상처를 반드시 남긴다. 그런 면에서 사랑은 운명의 비극적 장난이 맞다. 그러나 사랑이 남긴 상처는 결코 흉터로 남지 않는다. 사랑이 남긴 상처는 끝내 아문다.

전통적 가치관에서 사랑을 희생하는 거룩하고 숭고한 감정이라 가르치는 이유는 이기적인 사랑은 가르칠 이유가 굳이 없기에 그러할 것이다. 그건 누구에게나 쉬운 본능적인 사랑이니까. 이걸 니체가 알았다면 레, 루와 함께 하는 삼위일체가 되기를 애초에 거부했을 것이다. 내가 희생적이고 몰아일체적인 사랑을 주었을 때 상대는 절대로 그것을 되돌려 줄 마음조차 없다는 걸 몰랐기 때문이다. 그건 애초에 사랑이 될 수 없다는 것도 몰랐기 때문이다. 루의 마음을 이기적으로 투쟁하여 얻어내려 했거나 아니면 루의 이기적인 마음 자체를 당연하고 마땅하며 그리하여 정당한 사랑으로 오인하여 그거라도 붙잡고 매달리는 것이 자신이 할 수 있는 유일한 사랑이라 오해했던 것 같다. 그러나 사랑은, 사랑만큼은 인간이 이 막대한 고통의 차안에서 누릴 수 있는 유일한 행복이자 기적이다. 아무리 사랑이 운명의 비극적 장난일지라도 그렇게 잔인할 수는 없다. 사랑은 비극일지언정, 투쟁이나 전쟁은 결코 아니다.

그러나 니체는 사랑을 전쟁이고 그 전쟁의 근본은 양성 간의 무시무시한 증오에 있다고 했다. 남성우월주의가 팽배했던 당시 유럽은 여성들이 점점 자신들의 인권을 찾기 위해 투쟁하고 싸우기 시작할 무렵이었는데 니체는 이러한 여성들의 노력조차 전연 인정하여서 하지 않았다. 영리한 여성일수록 오히려 그런 권리를 스스로 거부할지도 모른다고도 했다. 사회 속, 한 인간으로서의 여성이 아닌 사랑하는 관계 속의 여성이라면 오히려 그 전쟁 상태에서 항상 우위를 점하는 것은 여성이기 때문이기에 그렇다고 했다. 그러나 그런 여성관을 주장하는 니체의 본심을 나의 예술가적 시각으로 이해해 보자면 단 한 번도 여인의 진정한 사랑을 받아보지 못한, 단 한 번도 한 여인에게 자신의 진심 어린 사랑을 내어주지 못한 비운의 남자가 할 수 있는 가장 가슴 아픈 말인 것 같다.

사랑은 인간이 이생에서 누릴 수 있는 가장 아름다운 감정이자 유일한 행복이며 그리하여 나는 사랑을 신이 인간에게 허락한 유일한 기적이라 생각한다. 그 기적이 안타깝게도 니체에게는 일어나지 않았음에 깊은 유감을 표하며 그리하여 빚어진 그의 그릇된 여성관에도 크게 반론을 제시하진 않으려고 한다. 비뚤어진 사랑에 대한 그의 잘못된 의견도 나는 그저 받아들이려 한다. 개인의 경험으로 우러나온 그의 '후험적' 견해를 가타부타 타인이 정죄할 수는 없다.

다만 니체는 사랑에 있어 늘 불운했을 뿐이고 살았던 시대가 가혹했을 뿐이니 그러한 점을 감안하여 그의 잘못된 여성관이나 사랑에 대한 그릇된 생각으로 말미암아 그의 철학 자체가 가진 위대함마저 하찮다고 폄하하진 않으려고 한다.

이렇듯 사랑을 일종의 전쟁으로 인식하고 양성은 주기적으로 싸우고 화해하기를 반복할 뿐이라고 생각했던, 사랑을 믿지 못한 불쌍한 니체는 그리하여 사랑보다 자유를 외쳤던 비제의 오페라 '카르멘'을 매우 사랑했다.

조르주 비제,
자유와 욕망을 지켜낸 초인의 음악, 오페라 카르멘

조르주 비제
(Georges Bizet, 프랑스, 1838~1875)

조르주 비제는 프랑스의 낭만주의 작곡가이다. 그리고 37세에 요절한 비운의 작곡가이다. 그는 천재적인 작곡가였으나 가난이 평생 그의 발목을 잡아 남의 곡을 편곡하거나 피아노를 가르치는 등의 생계형 음악인 생활에 더 매진하는 젊은 시절을 보내다가 가극 '진주 잡이'가 오페라 공모에 당선되며 작곡가로서 겨우 자리를 잡았다. 그러면서 1875년 카르멘을 초연했고 초연을 마친 얼마 후, 그해 파리에서 생을 마감했다. 그의 사인 역시 카르멘이었다. 카르멘의 초연이 엄청 큰 실패였기 때문이다.

공모에 당선될 만큼 비제는 촉망받는 신예 작곡가였으나 그에겐 이렇다 할 '히트작'이 없었다. 그런 그는 카르멘의 작곡에 온 열정을 다 쏟아부었다. 그렇게 온 영혼을 다 갈아 넣어 만든 카르멘을 무대에 올린 초연을 마치고 반응은 상반되었다. 니체는 "음습하고 우울하며 거대한 거짓으로 가득 찬 독일 음악에 비하면 찬란한 태양 같은 음악"이라 칭송했고 관현악 작곡 기법에 대해서는 입신의 경지에 이르렀다는 칭송을 받는 독일 근대 음악의 거장, 작곡가 리하르트 슈트라우스는 오히려 "오케스트레이션을 배우려면 이 카르멘을 들으라!"라고 극찬했다. 단 하나의 오페라도 남기지 못한 독일 낭만 음악의 거장 요하네스 브람스는 이 카르멘을 수십 번 관람할 정도로 그 예술성을 찬미했다만, 대중의 반응은 너무도 싸늘했던 것이다.

가장 큰 이유는 주인공이 남자가 아닌 여성이었다는 점이고 모차르트 오페라의 '돈 지오바니'에 나오는 그런 천하의 못 돼먹은 바람둥이가 남성이 아닌 여성이었다는 점을 그 시대의 대중이 아직 받아들이지 못했던 것에 가장 큰 패인이 있었다. 시간이 훨씬 많이 흐른 후에도 저 유명했던 오페라 디바, 마리아 칼라스조차 독창회에서 이 오페라의 몇몇 아리아를 발췌하여 부르기는 했어도 정작 이 오페라에 여주인공으로 출연하기는 매우 꺼렸었다. "카르멘은 남성의 정신을 가진 여인인데 저는 굉장히 여성적인 성격을 가지고 있어서 이런 배역으로 무대에 서고 싶지는 않다"라는 것이 이유였으니 초연 당시엔 오죽했을까.

아울러 오페라 카르멘이 초연된 극장의 특성 또한 가족 나들이에 최적화된 곳이었다 하니 설상가상 아이들과 함께 본격 치정 로맨스를 감상하고 싶은 부모는 동서고금을 막론하고 결코 있을 수 없다는 것도 이 오페라의 패인이었다.

아주 짧게 이 오페라의 줄거리를 설명하자면 카르멘은 '집시'다. 집시는 아주 밑바닥 노동으로 생을 이어가거나 좀도둑질과 밀수, 심지어는 성매매하며 하루하루를 이어간다. 그런 삶을 살아가던 카르멘은 한 줄기 햇살마저 허락하지 않는 아주 좁은 담배 공장에서 담배를 종이에 마는 일을 했는데 거기서 여공끼리 싸움이 나고 카르멘은 폭행으로 체포가 된다. 그녀의 호송을 담당하던 형사, 돈 호세를 카르멘은 유혹하고 둘은 사랑하는 사이가 되지만 결국 호세의 간절한 사랑을 거절하고 투우사 에스카밀로와의 새로운 사랑을 선택하는 그녀를 호세가 죽여 버린다는 내용이다.

"사랑은 제멋대로인 한 마리 새, 누구도 길들일 수 없어. 스스로 다가오지 않는 한 불러 봐도 소용없다네. 협박도 애원도 소용없는 일" 이런 관능적인 노래(Habanera, 하바네라)를 카르멘이 목 놓아 외치고 싶었던 건 지저분하고 문란한 가벼운 사랑을 위해서가 절대 아니었다. 카르멘이 죽음을 불사하고라도 끝내 지키고자 한 건 집시의 유일한 재산이자 영광스러운 명예인 '자유'였던 것이다.

명작은 끝내 승리하는 것인데. 불운했던 예술가 비제는 그 승리의 순간까지 기다리지 못했다. 온 영혼을 다 바친 자신의 생명과도 같은 작품, 카르멘이 실패한 절망을 이기지 못하고 과도한 스트레스로 인한 극도의 우울증과 호흡곤란이 만든 심장마비로 급하게 세상을 떴다.

절망의 초연, 고작 그 3개월 후였다.

비제의 오페라 '카르멘' 전곡 듣기(한국어 자막)

비제의 오페라 카르멘 중, 하바네라, 마리아 칼라스 연주

비제의 오페라 카르멘 중, 투우사의 노래(한국어 자막)

"나는 그 누구도 이제껏 미워한 적이 없었어."

니체가 루와의 이별 후 한 말이라지만 이미 엎질러진 물을 주워 담을 수는 없다. 위대한 위버멘쉬의 무릎은 돈에 이어 이제 여자 앞에 다시 한번 비참하게 꿇렸다. 그러나 니체, 그가 누구더냐. 그는 세상의 모든 고통과 좌절을 초월하는 초인, 위버멘쉬 아니었던가. 니체는 루와의 이별 후 죽음같이 어두운 삶, 그 와중에도 '차라투스트라는 이렇게 말했다'라는 명작을 내놓았다.

차라투스트라는 이렇게 말했다.

니체는 『차라투스트라는 이렇게 말했다』라는 책을 '듣는 음악이 철학의 언어를 입고 나온 책으로 다시 태어난 것'이라고 자평했다. 그리고 인간이 도달할 수 있는 최고 긍정의 형식인 '영원회귀'가 이 작품의 근간이라고도 했다. '차라투스트라는 이렇게 말했다'라는 철학 서적이나 작품 자체는 소설의 형식을 띤다. 실제로 '차라투스트라는 이렇게 말했다' 작품 안에는 니체 철학의 가장 핵심이자 모든 것인 영원회귀, 초인, 그리고 디오니소스(비극이 낳은 진정한 예술)에 관한 니체의 모든 철학과 신념 그리고 생각이 다 들어가 있다.(신은 죽었다는 말도 이 작품 속에 나온다. 고향을 떠나 산속 동굴에서 10년을 보낸 후 산에서 내려와 가장 처음 만난 성자를 향해 한 말이다. "저 성자는 숲에만 있어서 **신이 죽었다**는 말을 듣지 못하였구나.") 하여 그의 가장 유명한 작품 중 하나이나 높은 인지도만으로 이 책을 섣불리 선택하여 읽기는 아무도 권장하지 않는다. 니체에 관한 서적 중에 가장 마지막으로 읽는 것이 권장될 만큼 니체의 모든 철학이 이 단 한 권에 집대성되어 있다고 봐도 무방한 위대한 작품이다.

차라투스트라는 고대 페르시아의 예언가이자, 조로아스터교의 창시자이자 교주다. 이 교주는 아이러니하게도 그 출신과는 상반되는 도덕이란 개념을 창조한 최초의 사람이다. 당연히 자신을 스스로 인류 최초의 비도덕주의자로 임명한 니체는 차라투스트라를 주인공으로 내세워 자신의 위대한 철학을 풀어나가고자 했다. 삶을 이끌어가는 것은 선과 악의 톱니바퀴가 아니다. 신의 계시를 듣기만 하는 수동적인 삶도 그저 노예의 삶이다. 사람들은 듣기만 하고 스스로 찾지는 않는다. 아울러 들었다면 그것이 누가 주었는지조차 묻지 않는다는 것이다. 사람들은 삶이 고통스럽다고 말하고 견디기 힘들다고 말하지만 그 고통이 오히려 전제될 때 삶이란 비극이 디오니소스적 황홀과 무아지경을 밑천으로 영감과 계시가 되어 창조자의 길을 걸을 수 있다.

고통을 황홀한 비극의 씨앗으로 만들기 위해 인간은 인간의 심연 안에 똬리를 틀고 앉아 있는 두려움을 바라볼 수 있어야만 하고 그 두려움을 제압할 수 있어야만 한다. 두려움이 제압될 때, 두려움은 곧 용기가 된다.

『차라투스트라는 이렇게 말했다』를 쓴 해를 비롯하여 쓰고 난 후의 몇 년까지도 그의 인생에 있어 유례가 없을 정도로 괴로운 나날들이었다고 니체는 고백했다.(자서전 『이 사람을 보라』 中) 1889년 이후로 니체는 정신착란으로 정신병원에서 생활했고 아무리 책을 펴내도 100권도 팔리지 않았다던 이 '미치광이 철학자'는 정신병으로 인한 발광 후에 오히려 세상을 뒤흔드는 19세기 가장 유명한 철학자가 되었다고 한다.

이렇게 니체를 좌절에 빠뜨려 그의 인생에 유례없이 힘든 나날을 보내다 못해 결국 아편에 미치광이가 되도록 내몬 여인 루 살로메의 남성 편력은 계속 이어져 저 유명한 독일의 낭만주의 시인 릴케와 정신분석학의 대가 프로이트에게까지 거미줄처럼 얽혀졌다.

이제 루의 또 다른 한 남자, **프로이트**, 현대 정신분석학의 창시자가 생각하는 예술에 관해 이야기해 보자.

V

현대인의 고독을 분석하다
프로이트와 쇤베르크

지그문트 프로이트,
분열된 자아를 분석하다

프로이트
(Sigmund Freud, 오스트리아, 1856~1939)

 프로이트는 우리가 모두 잘 알다시피 더 이상의 설명이 필요 없는 정신분석학의 창시자로서 20세기 의료와 사상사에 있어 결코 빼놓을 수 없는 매우 중요한 사람 중의 하나이다.

무의식

가장 먼저 언급할 것은 그의 정신분석학 이론 중 가장 근본적이면서도 혁신적인 개념인 **'무의식'**이다. 억압된 욕망과 트라우마 그리고 충동 등이 무의식 속에 잠재되어 있다가 병리적인 증상으로 나타나기도 하고, 또 꿈으로도 드러난다고 했다. 그의 대표작 '꿈의 해석'(Die Traumdeutung, 초판 1900년)을 통해 그는 무의식의 방을 여는 열쇠, 꿈에 대해 이렇게 말했다.

'꿈'이란 현실 속 **'억압된 욕망'**이 왜곡되어 나타나는 무의식이다.

인간의 욕망은 반드시 억압의 옷을 입어야만 한다. 사람이 사람으로서 사회 구성원의 일원이 되어 살아간다고 했을 때 인간은 그 모든 욕망을 여과 없이 다 드러내고 살 수는 없는 노릇이어서 욕망은 반드시 일정 정도는 반드시 '억압'되어야만 한다. 그러므로 억압이란 인간이 본능적인 욕망에 대해 취하는 '방어기제' 중 하나다.

니체는 (당시 사회가 요구한) 엄격한 기독교적 도덕과 사회상규에 대한 부응으로 욕망(니체에게 욕망이란 힘, 생명 의지, 즉 권력의지를 뜻한다)을 억압하는 것이라고 했고, 프로이트는 이를 **'현실원칙'**이라 명명했다. 어쨌거나 사회적 요구에 순응하기 위해 억압될 수밖에 없는 인간의 욕망은 그 에너지가 사라지지 않은 채 무의식 속에 차곡차곡 쌓이게 되는데 일정 수준 이상으로 축적된 욕망은 반드시 어떤 방식으로든 표출되게 마련이어서, 니체는 그 쌓인 욕망은 대부분 **'원한'**이 되어 극심한 '자기혐오'가 되거나 사회적 강자들에 대한 분노로 표출된다고 보았고, 프로이트는 정신 병리적인 증상으로 표출이 된다고 주장했다. 철학자인 니체는 억압된 욕망을 자기혐오와 강자에 대한 적대심의 근원으로 보았고, 의사인 프로이트는 병의 원인으로 본 것이 이채롭다. 그러므로 억압된 욕망에 대한 해소 또한 철학자인 니체의 경우는 운명을 받아들이고 비극마저도 사랑하는 초인이 되어 '극복하자는 것'으로 내세웠고 의사인 프로이트는 '무의식의 분석을 통한 치료'라고 내세운 것도 매우 이해가 되는 대목이다.

프로이트는 꿈을 통해 억압된 욕망이 표출된 무의식을 해석하고자 했다. 꿈을 잘 해석하는 것으로써 개인이 가진 욕망의 실체를 알 수 있고, 그 욕망이 빚어낸 관계 속 갈등의 원인을 찾아낼 수도 있다. 또한 때때로 생활 속에서 왜곡되어 나타나는 극단적인 감정, 즉 신경질적인 반응(히스테리)이나 불안, 강박적인 행동의 양상에 대한 해결의 실마리를 찾아 증상의 완화를 도모할 수 있다는 논리였다.

성적 욕구 에너지, 리비도

그다음으로는, 프로이트의 학설과 사상 중 단연 가장 큰 비중을 차지하는 키워드인, '성적 욕구 에너지' 바로 '리비도'다.

프로이트는 앞서 이야기한 니체 편에서 니체의 인생을 나락으로 인도했던 팜므파탈, 루 살로메와도 깊은 연관이 있다. 16살이나 연상이었던 니체는 루와의 이별 끝에 아편에 손을 댔고 결국 온전한 정신을 갖지 못하고 살게 되었다. 또한 함께 삼위일체를 이루고 살았던 파울 레는 니체가 떠난 후에도 얼마간 더 루와 함께 관계를 이어갔으나 루가 갑자기 다른 남자에게 시집을 가는 바람에 레도 처참한 이별을 맞이했으며 이별 4년 후, 그는 스스로 극단적인 선택을 하며 삶을 마감했다. 이후 루 살로메는 독일의 위대한 서정시인 릴케와도 뜨겁게 사랑하는 사이가 되었으나 이내 그를 매정하게 떠나버렸고 그 후로는 프로이트 문하로 들어가 정신분석학을 배우는데 프로이트와도 물론이겠거니와 그 문하생인 타우스크 박사와도 연인으로 발전했다가 다시 그를 잔인하게 버림으로써 전도가 유망했던 젊은 정신분석학자 역시 스스로 생을 마감하는 선택을 하게 만들었다.

이런 파멸의 여인 루에게는 묘한 면이 있었는데 누군가와 결혼하는 조건으로 성관계를 허락하지 않겠다는 약속을 꽤 자주 했다는 것이다.(이상한 건 그런 굴욕적인 내용의 조건을 받아들이면서까지 그녀와의 결혼을 미치도록 원했던 수많은 남성의 심중도 매우 궁금하긴 하지만 일단 우리는 루에 대해서만 이야기하도록 하자) 니체와 레, 그리고 루의 3인 동거 체제였던 '삼위일체'의 동거 조건도 절대로 성행위를 서로 하지 않는다는 것이었고(당연히 그렇게라도 그녀를 잡고 싶어 했던 니체와 레는 이를 받아들임) 또 지적인 대화를 나누거나 무언가 배울만한 점이 있는 남자들과는 절대 관계를 하지 않는다는 조건을 반드시 달았고 더 희한한 건 그녀에게 결혼은 사랑의 완성이 아닌 남자 관계가 걷잡을 수 없이 복잡해질 때 어떤 새로운 남자를 찾아 도망가는 피난처의 역할이었다는 점이다.

그리고 항상 결혼에는 부부로서의 의무 중 하나인 성관계를 절대 하지 않겠다는 조건이 여지없이 달렸고 그녀의 사랑을 갈망하던 남성들은 모두 그 조건을 받아들이면서까지 그 굴욕적인 결혼을 감행했다. 그렇다고 그녀가 아무런 육체적 관계를 맺지 않는 순결한 여인은 당연히 아니어서 성관계만을 위한 남자들은 또 따로 분류되어 관리가 되었다고 하니 보는 사람들도 '저 여자가 대체 왜 저러는지'가 너무 궁금한데 그러는 루 스스로도 자신의 그런 '이상한' 부분이 무척이나 궁금하긴 했나 보다.

루는 프로이트 문하로 들어가 자신의 삶을 돌아보았다. 러시아 장교의 딸로서 유복했고 학문적으로도 양질의 교육을 어려서부터 받을 수 있었던 어린 시절을 보냈고 그 과정에서 14세에 불과했던 루는 스승에게 청혼을 받게 된다. 당연히 루는 그 청혼을 거절했고 청혼을 거절당한 나이가 엄청 많았던 스승은 어린 루를 겁탈했던 그런 아픈 기억이 있었다.

그런 상처가 무의식적으로 자신에게 남아 남성과의 건강한 사랑이 그녀에겐 너무 어려웠고 무언가를 배울만한 (스승 같은) 존경스런 남자와는 절대로 관계를 갖지 않았던 것을 스스로 깨달았다고 한다. 아울러 여성의 사회적 활동이 용인되지 않았던 당시 시대적인 상황이 그녀를 남성과 동등한 위치에 있고자 하는 의지와 욕망을 불러일으켜 루에게는 양성적인 매력도 있었다고 하며 그런 사회적인 명예욕도 마치 복수를 하듯 남성 편력으로 이어졌을 것이라는 분석을 했다고 전해진다만 그렇다고 그녀의 남성 편력이 그러한 성찰을 통해 반성이라는 과정을 거쳐 멈춘 것은 아니었다. 그녀의 욕망으로 인해 너무 많은 남성이 돌이킬 수 없는 상처를 받고 아까운 생명을 스스로 놓기도 했으니 정말로 그녀는 천하의 악녀가 틀림없었으나 아마 루에게 그러한 자신의 성향은 전혀 반성할 이유가 없었던 것이라 생각한 것 같다. 그저 그녀의 삶을 영위하고 지속할 수 있는 힘, 원동력 정도라고 생각한 것이기에 그로인해 발생한 '피해자'들에 대해서는 도의적 책임 정도만 느낄 뿐 그들의 불행이 전적으로 자신의 탓은 아니라고 생각했을지도.

루의 인생이 이렇게 어렸을 때 겪은 '성'적인 트라우마와 그 트라우마가 낳은 비정상적인 '성적 욕구'를 다루고 실현하며 해소하는 방향

그대로 완벽하게 흘러갔다는 사실을 고려한다면 프로이트가 주장한 '리비도' 이론은 일면 반론의 여지가 없어 보인다.

프로이트는 삶을 영위하게 하는 의지와 원동력 등이 '리비도'에서 비롯된다고 주장했다.

태어나면서부터 본능적으로 갖는 이 성적 욕구는 영유아기에는 자아와 성격을 형성하는 아주 중요한 역할을 한다. 그러나 자라면서 청소년기에 이르게 되면 이 '성적 욕구'는 영유아기의 그것과는 달리 본능의 즉각적인 만족을 뛰어넘는 정말로 어떠한 대상과 함께 만들어 내는 성적인 만족을 추구하는 단계로 발전한다. 자기 자신과 부모에 대한 관심과 애착이 아닌 '이성'에 대한 관심으로 그 관심의 반경이 넓어지는 것이다. '성적 욕구'의 본질적 실현은 혼자서는 결코 해결할 수 없어서 반드시 인간은 반드시 어떠한 사회 속에 속하여 타인과 끊임없이 관계를 형성해 나가야만 한다. 그래야만 인간은 개인이 꿈꾸던 성적 욕구를 실현해 낼 수 있다. 일개 구성원으로서의 인간은 사회적 규범을 바탕으로 판단하여 타인에게 피해를 주지 않기 위해 성적 욕구를 참을 줄도, 또 조절할 줄도 반드시 알아야만 한다. 또한 건강한 관계 속에서 성적인 욕구를 원만하게 실현해 내기 위해 타인에게 좋은 사람으로 인정받아야만 한다는 인정욕구와도 자연스럽게 연결될 수밖에 없다.

결국 인간은 사회 속에서 계속 성장해 나가면서 '사회적 호명'에 부응하는 성실하고 책임감 있는 삶을 살게 되며 더 나아가 (이 '인정 욕구'가 과해질 경우) 타인의 기대에 부응하기 위해 자신을 기꺼이 희생하게도 되는 이타적인 삶을 살아갈 수도 있게 된다는 논리다. 이 모든 것의 원동력이 바로 '성적 욕구'라는 것이 프로이트의 주장이다.

"이렇게 살아가는 과정(자아의 형성, 현실원칙에 따른 인내와 절제, 사회적 호명에 부응하기 위한 책임감 있는 주체적인 삶, 그리고 희생하는 이타적인 삶에 이르기까지) 동안 끊임없이 인간은 고통에 노출될 수밖에 없기 때문에 자신의 삶을 때로 '고난'이라 여기게 되기도 하는데 그러한 고통의 나날들 자체를 '쾌락'이라고 여기는 마조히즘적인 방어기제를 운명적으로 갖고 있다고 한다." ("프로이트의 몸: 정신분석과 예술", 리오 버시니 지음, P.16에서 참고함)

고통의 나날들을 쾌락으로 느끼게 하는 직접적인 경험이 바로 '성'이라고 본 것이다.

삶이 인간에게 허락한 단 하나의 강력한 쾌락의 경험, 성, 性.

죽음 충동

마지막으로 언급할 것은 '죽음에 대한 욕망' 즉 '죽음 충동'이다. 이 욕망은 그리스 신화에서 죽음이 의인화되어 등장하는 신인 타나토스(Thanatos)로 불리기도 한다.

날개를 단 타나토스(죽음의 신)의 조각, 에페이소스의 아르테미스 신전, 대리석 조각. 기원전 325~300년경 제작되었을 것으로 추정.

죽음이란 무엇일까.

'죽음'은 많은 철학자와 종교인들에게 깊은 성찰과 끝없는 사유를 요구하는 매우 중요한 주제다. 그러한 성찰은 단순히 생을 마감하는 것을 갈망하는 것과는 차원이 다른 결론을 낸다. 종교와 철학의 성찰이 내놓은 결론은 언제나 삶의 종지부인 죽음을 성찰함으로써 생의 소중함을 깨우치는 것으로 반드시 귀결된다.

앞서도 언급된 철학자 니체는 죽음을 그저 삶의 일부로 봤다. 죽음이 삶을 완성하는 하나의 위대한 관문으로 여겨진다면 삶은 고작 죽음을 향한 여정으로 전락할 뿐이며 기독교에서 말하는 것처럼 죽음 이후의 영생(천국)이 더욱 가치 있고 성스러운 것으로 여겨지는 순간 차안의 이생에서 겪는 모든 것들은 전부 다 죽음 이후를 준비하는 것으로 매우 하찮아지는 부작용이 생긴다. 니체에게 죽음이란 하나도 두렵지 않은 그저 삶의 일부였다. 삶 속에 무수히 많이 존재하는 시련 중, 가장 최후의 시련일 뿐이다. 죽음은 삶의 종결도 아니요, 끝도 아니요, 파괴도 아닌, 삶을 긍정하기 위해 우리가 극복할 많은 시련 중 가장 마지막으로 우리에게 오는 시련이다.

반면, 독일의 철학자 하이데거(1889~1976, 독일)는 『죽음으로의 선구』라는 철학 이론을 냈다.

인간이라면 누구나 반드시 한번은 겪을 수밖에 없는, 피할 수 없는 관문인, 죽음이라는 것에 대해 우리는 항상 생각하고 살아야 한다는 것이다. 여기서 '선구'는 야구에서 말하는 '선구안'과는 매우 다른 의미다. 先驅, 즉 죽음을 향해 먼저 달려가라는 의미로(독일어로 Vorlaufen, 먼저 Vore, 달리기 laufen) 늘 죽음에 대해 잊지 말고 살라는 뜻이다. 당장 내일 내 삶이 끝난다면 우리는 좀 더 오늘에 집중할 수 있다. 부질없는 집착에서 벗어날 수 있고 이기적인 마음으로부터도 조금 자유로워질 수도 있을 것이다. 불교에서도 부처가 매일을 악착같이 욕심을 버리지 못하고 살아가는 중생을 보며 "죽음을 잊고 사는 것이 놀랍다."라고 말한 것과 매우 흡사한 의미라고 생각하면 될 것 같다. 아울러 모든 사회적 호명으로부터 자유를 얻어 내가 진정으로 나에게 바라는 나의 실존에 대해 더 집중할 수 있다는 것이다. 가장 나다운 모습을 고수할 수 있도록 나를 독려하는 것은 삶을 향한 강렬한 애착에서 비롯되는 것이 아닌 오히려 죽음을 묵상할 때 가능하다는 것이 오히려 감동적이다.

프로이트가 말 한 '죽음충동'은 그러한 감동과는 거리가 매우 멀다. 프로이트는 세계 1차 대전을 겪으면서 극한의 상황에 내몰린 인간의 상처가 얼마나 극심한 것인지를 목도했다. 전쟁 후 트라우마에 시달리는 사람들을 보면서 프로이트는 인간의 내면에는 파괴적인 욕망이 들어앉아 있음을 발견하게 되었다.

인간은 애정하고 아끼는 마음의 강도만큼 파괴하려는 공격적 성향을 보인다. 그 양가감정 사이의 교묘한 줄타기가 주는 팽팽한 긴장감 속에서 자아 보존 욕구가 생기기도 한다.

그러한 내용은 1920년 저술한 『쾌락원칙의 피안』이라는 논문에 잘 나타나 있다.

쾌락원칙의 피안, Jenseits des Lustprinzips

독일어로 된 저 말을 직역하자면 '쾌락원칙의 피안'이라기보다는 '저편'에 훨씬 가깝다. 오래된 번역의 관습이 피안으로 번역하게도 했겠고, 또 우리말로 들리기에도 '저편'보다야 '피안'이 훨씬 더 멋지고 그럴듯하게 들리는 것이 그리 번역한 이유가 되겠으나 '쾌락원칙의 피안'이란 쾌락원칙, 그 반대편에 존재하는 또 다른 삶의 의지들을 일컫는 것이다.

프로이트는 일관되게 삶의 모든 의지는 리비도에서 비롯된다고 생각했으나 '세계 1차 대전'을 겪으면서 그 생각의 지경이 좀 더 넓어지게 되었다.

쾌락원칙 말고도 인간은 죽음충동과 파괴적인 성향 등을 쾌락원칙의 저편에서(즉 반대편에서) 동등하게 갖는다는 것을 알게 된 것이다. 이러한 상반된 욕망은 서로 긴밀한 긴장 관계를 유지하면서 삶의 의지를 강하게 만들어주는 심리적 근간이 된다. 즉 모든 인간에겐 (비중의 차이는 있을지언정) 쾌락을 추구하여 생명력을 갖고자 하는 욕망과 더불어 죽음충동 즉 삶에 대해 파괴하고자 하는 욕망을 양가감정으로 가지며 삶의 의지를 만들어 나간다.

'죽음 충동'은 자살 시도 같은 극단적 선택으로 나타나기도 하지만 종종 자기 처벌 양상이나 자신을 향한 파괴적 성향을 보이는 '자해'로도 발현이 된다. 자기 자신을 향한 공격성 즉 자해는 자신을 파괴하는 행위를 통해 내면에 존재한 불안과 긴장을 해소하게 한다. 그러므로 자해는 곧 삶을 향한 애착의 한 모습이다. "나는 죽어 버릴 거야!"라는 말은 곧 나는 너무나도 살고 싶다는 말의 다른 표현일 뿐이다.

이러한 파괴적 성향의 공격성은 당연히 종종 타인을 향해서도 발현이 된다. 불특정 다수를 향해 알 수 없는 분노를 범죄적 행위로 풀어버리는 '묻지마 범죄' 등을 비롯해서 도로 위를 무법천지처럼 질주하는 난폭운전이나 친구들을 괴롭히는 학교폭력, 따돌림 등이 모두 다 여기에 해당한다. 문제아가 되는 근본 원인은 존재 안에 내재한 불안, 상처 등에 대한 해소를 생명력을 추구하는 쾌락원칙을 통한 해소보다 파괴적 성향으로 실현하고자 하는 욕망이 더 큰 것에서 기인한다. 타인을 괴롭힘으로써 찾는 자기 삶에 대한 애착, 대표적으로 치료해야만 하는, 삶의 의지에 대한 병리적인 표상이다.

이러한 파괴적 성향은 자신이나 증오하는 대상, 그리고 사회를 향해서만 나타나는 것이 아니다. 사랑하는 사람 즉 가족이나 애인, 배우자, 혹은 자녀를 향해서도 얼마든지 발현된다. 프로이트가 '사랑하는 사람의 죽음을 바란다.'라는 아주 유명한 문장으로 단 한 번에 정리를 해버린 이 양가감정의 실체는 관계에 애정을 갖고, 사랑하고, 정성을 쏟는 딱 그만큼 반대로 사랑하는 대상에게 불쾌한 감정을 선사하거나 집착하고자 하는 욕망을 갖게도 한다. 좋아하는 여학생이 생기면 괜히 가서 슬쩍 한 번 괴롭혀보는 것으로 애정을 표현하는 것이 양가감정의 가장 대표적인 예가 될 것이다.

이러한 파괴적 행위가 일시적으로 정신적 긴장과 스트레스를 풀어주는 심리적 배출구가 된다는 측면에서 '정신적 해소로 볼 수도 있겠으나 개인의 불안을 해소하기 위해 사회를 구성하고 있는 우리가 모두 타인의 파괴적 욕망을 받아줄 수는 없는 노릇이다. 따라서 이 파괴적인 충동은 (예술의 감상이나 스포츠를 즐기는 등의) 매우 긍정적인 방면으로 반드시 승화해야만 하는 의무를 갖는다. 그렇지 않을 경우 파괴적 성향과 죽음의 충동이 빚은 공격적 성향은 결국 사회 공동체와 개인에게 엄청난 비극을 초래할 것이 자명하기 때문이다.

욕망이란 무엇인가

인간에게 있어 '욕망'이란 그 자체로 삶의 목적과 이유가 된다.

하여 많은 철학자들이 그 '욕망'에 대해 각자만의 철학으로 깊이 있게 연구했다. 인간에게 욕망이 삶의 목적과 이유가 된다면 어떤 욕망을 갖느냐에 따라 전혀 다른 인생을 살게 될 것이기 때문에 인간의 '욕망'은 결코 간과할 수 없는 매우 중요한 것이다.

쇼펜하우어의 경우 개개인의 욕망은 '(삶을 향한 여러) 의지(Wille)'의 현상이라고 주장했고 니체는 (스스로 강한 자가 되겠다는, 강해지려는 의지) '권력의지'로 보았다. 후에 철학자 르네 지라르(1932.12.25~2015.11.04, 프랑스)는 '타인의 욕망'을 **모방**하는 것으로부터 '나의 욕망'이 생기는 것이라고 했다. 조금 더 설명을 덧붙이자면 어떤 대상을 스스로 욕망하기 이전에 그것을 욕망하는 타인의 시선을 따라 타인의 욕망이 그대로 나의 욕망이 된다는 것이다. 예를 들어 다른 사람이 가진 명품 가방을 보면 나도 그것을 갖고자 하는 욕망을 갖게 된다. 이것은 비단 좋은 물건을 가지고 싶어 하는 '물욕'이 아닌 그 가방을 소유하고자 하는 타인의 욕망을 나도 **'모방'**하여 나의 욕망으로 갖는다는 의미다. 옆집 아이의 서울대학 진학 소식에 나도 우리 애를 무슨 수를 써서라도 서울대학에 보내고자 하는 욕망을 갖는다. 성공에 대해 집착하는 타인의 욕망을 나도 따라서(모방) 욕망하는 것이다. 당신의 아이를 왜 서울대에 꼭 보내고 싶은가요? 라는 질문에 대답하지 못한다. 내가 깊이 성찰하고 나서 갖게 된 진정한 나의 욕망이 아닌 그저 남들을 따라 타인의 욕망을 모방한 것에 불과한 것이기 때문이다. 요즘 제일 잘 나가는 직업이 '의사'라고 한다면 내 아이의 재능과 적성 따윈 전혀 고려하지 않은 채 무조건 자녀를 '의사'로 길러내고자 하는 부모의 그릇된 욕심도 마찬가지다. 내 자녀를 '의사'로 기르고자 하는 마음의 심연에 자리한 욕망은 불행하게도 나의 것이 아닌 타인의 욕망인 것이다.

반면 프로이트의 (진취적인 의미에서, 인생의 향방을 결정지을 에너지로서의) 욕망은 '성적 욕구'로부터 꿈틀대는 것이었다.

고통의 연속인 삶이 결국은 쾌락이었음을 직접적으로 증명해 주는 환락의 경험, 성.

이 말의 의미를 생활 속에서 우린 찾아볼 수 있을까.

우리가 주변에서 흔히 볼 수 있는 입시학원 광고문구 중에 "어느 대학에 들어가느냐에 따라 배우자의 얼굴이 바뀐다."는 구절이나 "한 시간 더 공부하면 남편의 직업이 바뀐다!" 는 문구를 자주 본다.

대개 사람들은 이 문구에 대해 큰 반론을 제기하지 않는다. 오히려 긍정적으로 고개를 끄덕인다. 이는 프로이트가 주장한 '성적인 욕망'이 삶을 지탱하고 이끄는 원동력이 된다는 이론을 단적으로 보여주는 살아있는 생활 속 예시라고 생각한다. 이를테면, 남학생들이 좋은 대학에 진학하고 좋은 직장을 얻고자 애쓰는 동기를 들여다보면 그 이면에는 종종 '아름다운 배우자' 혹은 능력 있는 배우자 등 각자가 이상으로 삼고 있는 배우자를 만나고자 하는 욕망이 자리하고 있으며, 이는 결국 '성적 욕망'을 결혼이란 사회적 제도를 통해 현실화할 수 있다는 것을 의미한다. 아울러 그러한 삶이 곧 사회적으로도 완벽하게 성공한 삶이라는 결론으로 이어질 수 있다. '결혼'이라는 단어를 사용하여 '성적 욕망'을 우회하고 순화하여 표현했지만 실은 이런 식의 광고 문구들이야말로 프로이트의 이론을 가장 쉽게 설명해 주는 생활 속 명확한 사례라고 개인적으로 생각한다.

앞서 말한 팜므파탈, 루의 경우 어렸을 때 겪은 성적인 트라우마로 인해 그것을 다루고 해소하는 방향대로 인생이 흘렀고, 좋은 사람이 되어 성적인 욕구를 실현하려는 사회적 호명에 부응하는 것으로 인생의 방향이 결정되기도 하는데 그 원동력은 모두 '성적 욕구'라고 보는 것 프로이트의 이론이다. 성적 욕구는 자아와 개인의 심리구조를 형성하는 근본적 욕망이기도 하고, 어떻게 해소하고 승화해 나가느냐에 따라 인생의 방향이 결정되기도 하는 아주 중요한 '심리적 에너지'이자 '본능적 동력'이라고 본 것이다.

후에 프랑스의 철학자 미셸 푸코(1926~1984, 프랑스)는 프로이트의 이 '성적 욕구의 에너지, 리비도'를 이어받아 더 발전시켜 성에 대한 새로운 시각의 철학적 주장을 내놓았다.

'섹슈얼리티'가 바로 그것이다.

섹스와 섹슈얼리티

성을 억압해야만 하는 본능적 욕망이라고 본 프로이트와는 달리 푸코는 사회와 권력이 생산해 낸 새로운 담론, 즉 하나의 통치 수단으로 본 것이다. 개인의 삶을, 고통 속에서도 쾌락으로 착각하게 할 만큼, 성이란 강력한 삶의 욕망으로 본 프로이트와는 달리 푸코는 권력이 사회를 잘 다스리기 위해 내어놓은 하나의 '장치'라고 주장한 것이다. 쉽게 말해 프로이트의 성은 개인적인 본능과 욕망인 것이고(섹스) 푸코에게 성은 사회적인 담론(과잉 부각, 과잉 언급)을 통해 만든 통치 수단으로 본 것이(섹슈얼리티) 그 차이라고 할 수 있겠다.

섹스는 은밀하게 숨어있지만, 섹슈얼리티는 오히려 관종처럼 필요 이상 그 존재가 부각이 된다는 것도 큰 차이점이다.

19세기 이전에는 아동의 자위행위에 대해 침묵으로 일관했다면 19세기 이후의 사회는 아동의 자위에 대해 의학적으로 규명하고 교육하기 시작했다. 성을 모른 척 은닉하고 억압하는 것이 아닌 오히려 담론의 장으로 끌고 나온 것이다. 종교는 각 종교가 가진 교리에 따라 혼전 순결이나 혼전 임신에 대해 오히려 더 목소리를 내어 교육하기 시작했고 학교도 '성교육'이라는 명목으로 학생들의 성을 수면위로 끌어 올렸다.

억압하고 감추어 덮어두기에 급급했던 대상으로서의 성이 오히려 과잉 언급되기 시작한 것이다. 그렇게 '성'을 사회적 담론의 주제로 만들어 버리면서 권력은 대중을 '질서 있게' 통치하기에 매우 편리해졌다.

결혼이라는 제도 하에서만 아이를 낳을 수 있다는 것으로 성을 규정함에 따라 권력은 (출산율의 조절을 통한) 인구를 통제하기에 매우 용이해졌고, 학교나 종교가 가르치는 대로 바르게 존재하는 성의 모습이 사회적인 약속으로 규격화되자 법과 공권력은 죄와 죄가 아닌 것을 구분하기 쉬워졌으며 또한 징벌하기에도 매우 용이해졌다. 의학은 성교육을 통해 치명적인 성병으로부터 대중을 지키는 '예방'이라는 것이 가능하게 되었다.

성(섹스)은 이런 사회적 담론을 통해 약속(섹슈얼리티)이 되면서 더이상 욕망으로 존재할 수 없었다. 오히려 '권력이 요구하는 특정한 방식'으로 사람들이 살아가도록 길들이는 도구가 되었는데 그것이 과연 개인의 행복을 위한 것인가, 아님 권력의 손쉬운 통치를 위한 것인가, 이것이 바로 푸코의 비판적 주장이었다.

푸코의 비판은 이러한 섹슈얼리티의 등장이 사람들의 성적인 실존을 방해한다는 것에 그 핵심이 있다. 권력의 개입으로 제도화되어 버린 성이란 사람들에게 끊임없는 자기검열을 요구할 뿐이다. 그러한 끝도 없는 자기검열은 인간에게 정상 혹은 비정상이라는 새로운 낙인을 찍었으며 그 낙인을 피하고자 인간은 때때로 스스로를 향한 따뜻한 **'자기 배려'**를 잃을 수밖에 없다.

낙태는 죄일까?

죄라고 해도, 또 그렇지 않다고 해도 모두 다 섹슈얼리티, 즉 사회적 담론의 산물일 뿐이다. 그 누구도 낙태를 죄로, 혹은 죄가 아닌 것으로 규정할 수 없다는 것이 푸코의 관점으로 바라본 실존적 선택이다. 낙태는 누군가에겐 개인의 신념이나 종교적인 배경으로 죄일 수도 있다. 옳고 바른 생각이다. 또 다른 누군가에겐 자신의 남은 삶과 아이의 불확실한 미래를 근거로 내린 합리적인 선택이 될 수도 있다. 그 어떤 결정을 내리더라도 그것이 사회적 통념과 성적 담론의 압력에 의한 결정이 아니어야만 한다. 깊은 자기 성찰과 자기 배려를 통한 독립적인 결정이어야만 하고 그 누구도 그 결정에 대해 존중할 수 있어야만 한다.

어떤 선택을 하느냐가 중요한 것이 아니라 선택의 근거를 사회적 요구와 타인의 시선에 의한 압박이 아닌 나 자신의 온전한 것으로 가져오는 것, 그 어떤 대단한 권력도 나의 성적 결정권과 그에 따른 '실존'을 좌지우지할 수 없다는 확신을 갖는 것이 바로 미셸 푸코의 성에 대한 확고한 철학적 입장이다.

개인의 성은 단죄의 근거가 되지 못한다. '환향녀(環鄕女)'란 단어의 뜻은 '피치 못 할 사정으로 고향을 떠났다가 다시 고향으로 돌아온 여인들', 그 이상도 이하도 아니어야만 한다. 환향녀들이 '환향'이 아닌 '화냥년'이 되는 이유는 사회적 담론이 성에 대해 부정적으로 결정짓고 낙인을 찍어버린 비극적 결론일 뿐 아니겠는가?

인간의 다양성을 인정하고 이해하는 것으로부터 실존은 출발한다

각자가 꿈꾸는 삶의 이상적인 모습을 추구하는데 그 원동력이 되어주는 것은 매우 다양한 근원의 발로를 가질 것이다.

성리학의 개념 중 〈격물치지〉란 것이 있다. "사물의 이치를 깨달아 앎을 극진히 추구한다."는 것이다. 사물의 이치를 깨달아 앎의 극진함을 추구했던 이유는 단 하나, 그 지극한 앎의 궁극이 '인간다움의 완성'이라 보았기 때문이다.

후에 왕양명이란 사람이 이 '격물치지'를 해 보려고 일주일이나 꼼짝없이 앉아 대나무만 쳐다보며 대나무의 이치를 깨달으려 하다가 오히려 정신이 돌 지경에 이르자 "아. 사람의 지식을 완전하게 해 주는 것은 사물의 이치를 깨닫는 것이 아니라 오히려 내 마음을 들여다보는 것이구나" 하여 〈양명학〉이란 것이 생겼다더라.

내 마음을 들여다본다는 것.

나쁜 마음은 자꾸 몰아내고 좋은 마음, 선한 마음만을 내 안에 남겨두는 것. 즉 매일매일 더러워지는 거울을 닦듯 제 마음을 들여다보면서 정갈하게 수련하는 것.

그렇다면 어떤 마음이 좋은 마음이고 어떤 마음이 나쁜 마음일까. 어떤 마음이 내 안에 남겨 둘만한 가치가 있는 마음일까.

여기서 살짝 칸트를 끌어오면 '양명학'에서의 '좋은 마음'이란 "반드시 그렇게 해야만 하는 일이 무엇인지 깨닫는 것"이다. (정언명령)

예를 들어 "왜 정직하게 살아야만 하는가?"에 대한 답은 이익을 얻기 위해서도 아니요, 혹은 좋은 평판을 얻기 위해서도 아니요, 정직할 때 내가 행복하니까. 도 아닌 인간은 그저 반드시 정직해야만 하니까.

인간의 의지가 반드시 선해야만 하는 이유는 그 '선한 영향력'을 위해서가 절대로 아니다. 선한 의지의 아름다운 과정이나 공의로운 결과 때문이 아니라 옳은 이유로 옳은 행동을 하는 것이 그저 마땅하니까.

관념의 칸트와는 정반대 지점에 있는 유물론의 끝, 마르크스의 철학으로부터 탄생한 '공산주의'도 역시 마찬가지다. 인간을 존엄한 존재 그 자체로 대하지 못하고 그저 얼마짜리의 부속품(노동자)으로만 바라보던, 피도 눈물도 없는, 산업화와 자본주의에 반기를 들어 '인간의 존엄'을 지키기 위해 마르크스의 철학은 태어날 수밖에 없었다고 나는 그렇게 여기고 있다. 인간의 존엄과 인간다움을 되찾는 수단으로써 마르크스는 '계급을 타파한 평등'을, '수익의 균등한 배분'을, '노동자의 강력한 연대'를 내세우게 된 것이라고.

결국 모든 사상과 철학의 근본은 '인간성의 회복'이다. '인간다움의 완성'이다.

어찌하면 우리는 인간으로서 존엄하게 존재할 수 있을까에 대한 고민이 바로 〈철학〉이다. 철학자마다 제아무리 전부 다 다른 말들을 하고 있더라도 그 모든 철학의 잉태와 탄생, 그리고 오랜 계승은 인간이 인간다움을 어찌하면 잃지 않고 살 수 있을까에 대한 끈질기고 고집스러운, 어쩌면 다 똑같은 내용을 말한 한결같은 대답이라고 나는 생각한다.

실존하는 인간의 표상을 올바로 이해하려면 반드시 인간 내면의 복잡성을 먼저 직시해야만 한다. 그리고 그 이해의 목적은 인간다움의 실천을 오롯이 향해야만 한다. 너와 내가 인간 대 인간으로, 사람 대 사람으로, 서로서로 따뜻하게 이해하고 사랑하기 위한 것, 그것만이 철학과 예술의 유일한 존재 목적이다.

이 무렵 철학의 관심은 인간 존재의 '본질' 그 자체보다 '어떻게 현존하고 있는가.' 하는 '실존'의 문제로 점차 옮겨가고 있었다. 왜 이토록 인간은 다양한 모습으로 실존하고 있는가?

이른바 '실존주의' 철학의 출현이다.

실존은 반드시 본질로부터 말미암아 표출된다. 본질이 있고 나서야 비로소 실존이 나타나는 것이다. 그러나 장 폴 샤르트르(1905~1980, 프랑스)의 말처럼 "실존은 늘 본질에 앞선다."

'그렇다'는 명제는 '그래야만 한다.'는 명제보다 늘 더 먼저에 있다.

실존주의 철학

실존주의 철학은 기존 전통적 가치관이 추구한 '이데아를 지향하는 것'에서 벗어나 자유를 갈망하는 것부터 출발한다. 타고날 때부터 부여받은 신분대로 자신의 처지를 순응적으로 받아들이며 신의 뜻대로 순종하고 살아가는 것을 운명이라 여기던 전통적 가치관은 산업혁명을 거치면서 모두 붕괴했다. 신분이 없어지고 누구나 일한 만큼 벌어갈 수 있다는 환상 같은 꿈이 모두에게 '평등하게' 주어졌지만 세상은 절대 평등해지지 않았다. 신분이 없어진 사회 속에 노동자는 또 하나의 신분, 또 다른 계급이 되었을 뿐이다. 아무리 일하고 또 일해도, 벌고 또 벌어도, 가난은 결코 떨쳐낼 수 없는 굴레였으며, 어쩌면 이 비참한 현실은 절대로 끝나지 않을지도 모른다는 불안과 깊은 절망 속 혼란을 야기했다.

모두가 신분으로부터 자유로워졌다는데 노동자들은 정말 자유로웠을까.

열심히 일하면 일한 만큼 부자가 될 수 있다는 그 욕망은 그 욕망을 이용하여 부추기는 세력에 의해 구체화됐다. 행복의 모습이 미디어를 타고 정형화되어 나타나기 시작한 것이다. 미디어 속 행복은 매우 구체적인 형상을 갖추어 명확했다. 행복하고 싶다면 인간은 반드시 행복의 규격을 갖추어야만 했다. 그리하여 행복은 곧 '상품'이었다. 행복해지고 싶다면 너는 반드시 이것을 가져야 하고 이 정도는 누려야 하는 것이라는 강요와 세뇌. 이것을 갖지 못하고 이 정도를 누리지 못하고 있다면 그것은 행복이 절대 아니라는 선명한 낙인. 그 낙인은 인간을 매우 압박했다. 행복은 그렇게 '스트레스'가 되었다. 스스로 느끼는 행복과 만족은 아무것도 아니다. 결코 행복으로 인정받을 수 없다. 이미 모범 답안을 갖춘 행복의 조건에 대해 부합하여 모두가 그렇다고 인정할 수 없다면 그것은 절대로 행복이 될 수 없다.

전통적 가치관의 몰락, 그야말로 혼란이었다.

끊임없이 눈앞에 쏟아져 나오는 꿈과 희망의 모델들, 노력한 만큼의 정당한 대가가 주어진다는 허상, 그것을 모두 내 맘대로 누릴 수 있다는 '자유'라는 거대한 가치. 그 아래 흩어진 사람들은 오히려 목동을 잃은 양떼마냥 갈피를 잡지 못했다. 목적도 모른 채로 서로가 서로를 상대로 경쟁하고 있었다. 실체도 파악하지 못한 채 너도나도 규격화된 행복을 잡으러 이리저리 날뛰었다. 한없는 자유는 깊은 고독이 되어 돌아왔다. 고독에 홀로 놓인 사람들은 결코 상대를 믿지 못한다. 서로를 경쟁자, 곧 적으로 돌린 채 오직 홀로 남아 고독 아래 침잠할 뿐이다.

암흑 속 고독에서 침잠하던 인간은 마침내 타인이 아닌 스스로가 궁금해졌다.

나는 누구인가?

모두 안에 '안전하게' 존재했던 '구성원'으로서의 내가 아닌
자유 속에 고독하게 던져진 '단 하나'의 존재로서의 나.

아놀드 쇤베르크,
12음 기법으로 고립된 자아를 음악에 녹이다.
달에 홀린 피에로

아놀드 쇤베르크
(Arnold Schoenberg, 오스트리아, 1874~1951)

작곡가 쇤베르크는 오스트리아 빈에서 태어났다. 그의 아버지는 헝가리 출신의 가난한 구두 수선공이었으며 유대인이었다. 1933년 독일에서 '국가사회주의 노동자당', 일명 나치가 집권하면서 미국으로 도피하였고 1941년 미국 국적을 취득하여 1951년 로스앤젤레스에서 미국인으로서 생을 마감했다.

"이제까지가 그저 평범한 시대였다면 지금부터 우리의 음악은 매우 달라져야 한다."

쇤베르크는 기존의 음악적 질서와 규칙을 모두 파괴하여 새로운 음악적 질서와 규칙을 만들었다. 불협화음을 사용하면서 서로 화합하지 못하고 홀로 고독하게 던져진 단절된 인간이 느끼는 고통과 혼란, 불안 등을 표현했으며, 이제까지 우리가 익숙하게 듣던 모든 음악의 조성을 버리고 '무조음악'이란 새로운 음악적 질서를 창조했다. 바로 그가 창시한 12음 기법이었다.

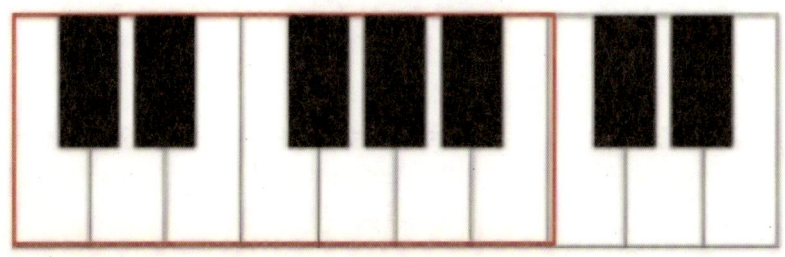

빨간색 네모 안의 하얀 건반과 검은 건반 모두를 합한 숫자가 12다. 이 건반들의 하얀 건반만 연주한다면 다장조의 음계가 되는데 이 다장조의 음계에는 '으뜸음'인 '도(다)'가 있고 그 으뜸음의 이름을 따라 조성의 이름도 '다장조'로 결정되었다. 으뜸음인 '도'에 딸린 '딸림음'은 '솔'이고 버금으로 딸린 '버금딸림음'은 '파'인데 이 음이름들은 모두 으뜸음과의 '관계'에 의해 결정된 각 음이 지닌 종속적 신분의 이름이다.

쇤베르크는 음계 안에 존재하는 각각의 모든 음에게 더 이상 서로 관계를 맺어 어딘가에 종속되고 또 누군가를 지배하지 않도록, 자기만의 독자적인 위치와 신분을 전부 부여하여, 음계 안에서 모두 당당하게 '독립된 음'으로 스스로 존재할 수 있도록 동등한 가치를 주었다.

이제 더 이상 으뜸음은 대장이 아니다.
아니, 이제 더 이상 으뜸음은 없다. 모든 음은 평등하다.

그러나 이제껏 대장이 이끌었던 '조성음악'은 듣기에도 아름답고 또 편안했는데. 대장 없이 모두가 자신의 정체성을 찾아 각각이 실존해야 하는 '무조음악'은 극도로 불안하고 또 지극히 불협하다. 타성에 젖은 익숙함이 아름답고 달콤한 이유는 '안락함'과 '편안함'에 있다. 긴장, 공포, 두려움, 그리고 음침함. 자유를 쟁취하기 위한 대가로 인간이 반드시 치러야만 하는, 실존주의가 인류에게 청구한 영수증에 적힌 부작용의 목록이다.

칸트는 예술을 '스스로 반짝이는 거울'이랬는데 음악은 절대로 스스로 반짝이는 거울일 수 없다는 것이 철학자 아도르노의 주장이었다. 거울은 거울일 뿐 결코 스스로 반짝이는 '별'은 아니기에 거울은 대상을 정직하게 비출 때 비로소 그 소중한 가치를 지닌다고.

아도르노가 음악을 통해 이루고자 했던 신념은 음악이 당시 인류가 가졌던 상처받은 심연과 심각한 사회적 문제들을 고스란히 비추는 '온전한 거울'로서 실존하는 것이었다. 만일 음악도 우리가 살아가는 사회공동체를 위해 어느 역할 하나쯤은 짊어져야만 한다면 음악은 인간이 느끼는 고통을 있는 그대로 작품과 연주 안에 그려내야 한다고 믿었다. 하여 아도르노는 '쇤베르크의 음악'이 당시 실존주의 철학과 진보적인 사상을 가장 훌륭하게 반영한 음악이라고 극찬했다.

> "감성적인 만족만을 위한 음악의 청취가 곧 위대한 음악을 보증하는 것은 절대 아니다. 사회적 요소들과 그것들의 갈등에 대해 개념적으로 매개된 인식이 비로소 위대한 음악이 성취하는 사회적인 내용을 보증해 주는 것이다."
>
> 아도르노의 저서 『신음악의 철학』 中

읽어지지도 않게 굳이 저렇게 어렵게 쓴 아도르노의 저 글을 쉽게 풀어 쓴다면 남들에게 듣기 좋은 음악이 예술적으로도 좋은 음악은 아니라는 말이다. 존재와 존재들의 갈등이 음악 안에서 표현되었을 때 위대한 음악은 사회적인 역할을 해낼 수 있는 것이란 말이다. 쇤베르크의 음악을 그런 사회적인 역할을 해 낸 음악이라 극찬한 아도르노의 글이다. 아도르노에게 음악은 철학, 그 이상이었다. 그리고 철학은 음악의 위대함을 증명하기 위해 존재해야 하는 '미학'이었다. 아도르노에게 철학과 음악은 그런 사이다.

"모두의 음악은 음악이 아니다"

아도르노가 말 한 음악의 사회적 역할에 대해 부응하여 쇤베르크가 내놓은 짧지만 강렬한 답이다. 거대한 세상 속, 고독하게 자신의 정체성을 찾길 원하는 개인들을 위한, 그 외로운 실존을 위한 음악이라면, 비록 모두에게 납득될 수 없더라도, '나의 음악'은 그 외로운 길을 따라 함께 걷는 것이 옳지 않겠냐고 항변한 작곡가 쇤베르크의 '사회적 꿈'이자 책임감이었다.

한 여인이 아무도 없는 방 안에서 거울을 바라보고 있다. 실제 여인과는 전혀 다른 모습의 사람이 거울 안에서 거울 밖의 그녀를 바라보고 있다. 사람은 하나밖에 없는 방 안에 그림자는 여럿이다. 내 안에 꾹꾹 눌러 담은 여러 모습의 또 다른 나. 자신의 실존을 고민하는 외로운 현대인을 인공지능을 사용하여 생성한 이미지.

달에 홀린 피에로

이 곡은 '알베르티네 체메'(Albertine Zheme)라는 여배우가 '알베르 지노'라는 시인의 '달에 홀린 피에로'라는 시를 1인 멜로극의 대본으로 몇몇 악기(피아노, 바이올린, 플루트, 클라리넷, 그리고 지휘자)가 음악을 반주하고 자신은 그 대본을 낭송할 목적으로 쇤베르크에게 의뢰하여 만들어진 작품이다. 그리하여 '달에 홀린 피에로'는 음악이 목적이 아닌 연극이 그 목적이었으므로 지금까지도 이 곡을 연주하는 소프라노(여배우가 의뢰했으니 당연히 이 곡은 소프라노만 부를 수 있다. 시의 내용도 그렇고 이 곡은 남성이 절대로 부를 수 없다!)는 피에로 분장과 복장을 갖추고 오르는 것을 종종 관람할 수 있으며 노래가 아닌 낭송이 주된 목적이기에 이 곡은 노래하지 않는다. 이 곡은 낭송한다.

Sprechstimme, 슈프레히슈팀메

'말'이라는 뜻의 독일어 Sprech와 '음' 혹은 '발성' 또는 '목소리'를 뜻하는 Stimme, 이 두 단어가 복합된 '슈프레히슈팀메'는 연주자가 '낭송'하듯 노래하는 독특한 창법을 가리키는 음악 용어다.

소프라노는 노래하는 대신 때로는 속삭이고 때로는 외친다. 공포에 질린 외침부터 달콤한 탄식에 이르기까지 대사를 선율에 담아 예민한 감정선을 따라 악기의 반주에 맞춰 음악과 함께 노래하듯 '낭송'

Schoenberg Pierrot Lunaire Op. 21. 6 Madonna. Partitura. Interpretación.

한다. 따라서 쇤베르크는 말의 뉘앙스를 반주와 최대한 잘 어울리도록 선율을 어느 정도 정해주었는데 말이 담은 감정이 선율의 높낮이로 표현될 수 있도록 멜로디 라인을 작곡한 것도 매우 놀랍고 흥미롭다.

아울러 작곡에서도 음악적인 요소보다 말, 즉 언어를 더 부각하기 위해 단어가 갖는 발음 자체나 딕션 혹은 연주자의 입 모양 등이 더 돋보일 수 있도록 **아방가르드** 작곡 기법을 사용한 것도 이 곡을 감상할 때 관심을 기울일 중요한 포인트다. 최대한 감상자를 배려하여 가벼운 리듬과 선율 그리고 풍자적인 요소를 작품 안에 곁들임으로써 감상자들과의 심리적인 거리감을 극복하고자 한 작곡가의 노력을 엿볼 수 있는 부분이다.

그럼에도 불구하고 이 곡은 쉽게 감상할 수 없다. 어렵다. 저 유명한 영화감독, 히치콕(앨프리드 히치콕, 1899~1980, 영국)의 공포영화를 단 한번이라도 본 경험을 가진 사람이라면 아마 이 곡의 분위기를 능히 짐작하고도 남음이 있으리라.

이 작품은 공포영화를 닮아있다.

게다가 낯선 창법으로 노래하는 소프라노도 섬뜩하고 불편하지만 기악파트의 연주 역시 시종일관 공포와 긴장, 두려움과 갈등을 표현하여 무겁고 또 음침한 분위기를 자아낸다.

이런 '그로테스크'함은 앞서 우리가 함께 살펴본 프로이트 학설의 중요한 3가지 키워드의 첫 번째였던 '무의식'으로부터 기인한다.

인간이 가진 영혼의 무의식 속, 저 깊은 심연에 존재하는 억압된 욕망을 고스란히 들여다 보는 '자기 성찰적 심리학'이 음악에 반영되어 조성된 분위기가 그런 기괴한 느낌을 주는 것이라고 이해할 수 있겠다.

피에로, 슬픈 얼굴을 가진 광대를 말한다. 웃고 있는 광대는 결코 피에로가 될 수 없다. 무대에서마저 피에로는 언제나 슬프다. 아무리

웃긴 장면을 연기하더라도 피에로는 반드시 슬퍼야만 한다. 행복이 결코 허락되지 않은 슬픈 피에로의 상징은 눈물이다. 피에로는 우스꽝스러운 얼굴 분장에 반드시 '눈물'을 포함한다. 눈물을 그리지 않은 피에로는 피에로가 아니다.

슬픔은 피에로의 본질이자 실존이다.

그 '슬픈' 피에로는 왜 달에 홀린 걸까?

달에 홀린 피에로를 연주하는 소프라노

어두운 밤, 이곳은 숲이다.

연주는 창백하고 슬픈 피에로의 얼굴을 한 어느 여인이 달에 홀린 듯 방황하는 동작으로부터 시작한다. 야심한 밤, 그것도 숲속에서, 연인을 찾아 헤매는 여인, 피에로는 여린 달빛을 전등 삼아 애타게 그를 찾을 뿐이다. 그러나 사랑하는 내님은 어디에도 없다.

다만 싸늘한 주검만이 눈에 띄었다.

이 주검은 누구일까. 피에로는 왜! 지금 이곳으로 홀린 듯 오게 된 걸까? 모든 것은 알 수 없는 의문투성이인데 의문은 내 안에 혼란을, 혼란은 착란을, 착란은 자책을, 자책은 가학을, 가학은 쾌감을. 혼란이 낳은 환각의 쾌감은 걷잡을 수 없다. 관성은 본능이다.

그녀는 피에로, 그 어떤 쾌감도 결코 그녀를 웃게 할 수는 없다.

폭주하는 달은 바다의 물결을 일으켜 거대한 너울을 만든다. 거대한 너울을 벗어날 수 없다. 삼킬 듯 부풀어 오른 성난 너울이 쾌락의 관성 위로 올라타면 무엇이든 다 삼켜버리는 짜릿한 사디즘이 되고 이미 폭주하는 달, 너울에 사로잡힌 피에로는 그 쾌락의 고통을 거부할 수 없다. 사디즘은 마조히즘을 사랑할 수밖에 없고 마조히즘은 사디즘을 결코 증오할 수 없다. 피할 수 없는 운명, 돌고 도는 운명의 쳇바퀴.

걷잡지 못하는 너울에 사로잡힌 피에로는 환락에 취한 착란 중에도 자신이 왜 달에 홀려있는지. 오직 그것이 알고 싶을 뿐이다.

달에 취하여

Den Wein, den man mit Augen trinkt,
눈으로 마시는 술을,

Gießt Nachts der Mond in Wogen nieder,
달은 밤새 파도에 쏟아붓는다.

Und eine Springflut uberschwemmt
그리고 높은 파도가

Den stillen Horizont.
고요한 수평선을 가득 넘치게 한다.

Geluste schauerlich und suß,
무섭고 달콤한 욕망은

Durchschwimmen ohne Zahl die Fluten!
수없이 물결을 가른다.

Den Wein, den man mit Augen trinkt,
눈으로 마시는 포도주를

Gießt Nachts der Mond in Wogen nieder.
달은 밤새 파도에 쏟아붓는다.

Der Dichter, den die Andacht treibt,
기도하려는 시인은 신성함에 도취되고

Berauscht sich an dem heilgen Tranke,
Gen Himmel wendet er verzuckt
하늘을 향하여 머리를 돌려 기뻐 날뛴다.

Das Haupt und taumelnd saugt und schlurit er
무릎을 어지럽게 비틀거리며

Den Wein, den man mit Augen trinkt.
눈으로 마시는 포도주를.

알베르 지로(Albert Giraud)
『달에 취하여』

전체 총 3부로 구성되었고 각 '부'에는 일곱 곡씩 담겨있다. 총 스물한 개의 시가 음악으로 부활한 '달에 홀린 피에로'는 연가곡(독립적인 곡을 전체적인 하나의 내용이 가진 큰 흐름에 따라 체계적으로 엮은 가곡들의 모음)이다. 이 곡의 초연은 작곡가 본인의 지휘로 1912년 베를린에서 이뤄졌다. 초연은 정말 오랜 연습 과정을 거친 각고의 노력 끝에 겨우 무대에 올라가게 되었다고 한다. 아울러 악기 편성이 여덟 개를 넘지 않는 크지 않은 실내악 규모의 악기 편성인데도 불구하고 이 음악에는 엄연히 '지휘자'가 존재한다.

작곡가가 직접 지휘하는 초연임에도 불구하고 많은 연습이 필요했다는 것과 작은 편성임에도 필요한 지휘자. 이 단순한 두 문장이 설명하는 바는 이 곡은 연주하기 매우 어렵다는 뜻이다. 나는 그 이유로 이 음악이 무조음악으로 작곡되었기 때문이라고 생각한다.

무조음악은 모든 음이 독립적으로 존재하기에 조성만 없는 게 아니라 화음으로 쌓았을 때 서로 어울리지도 않는다. 즉 불협화음이 된다. 독립적 가치를 지닌 음, 그러니까 서로 지배하고 종속되는 관계에 놓이지 않은 각각의 독립적 음들은 멜로디로 나열하든, 화음으로 쌓아 올리든 결코 서로 어울리지 못한다. 조가 없는 음계, 그리고 서로 어울리지 않는 불협화음을 연주하면서 제대로 연주되고 있는가를 연주자 본인이 스스로 판단한다는 것은 이전의 조성음악을 연주하던 것보다 훨씬 더 어렵다.

그래서 작은 편성임에도 이 곡은 지휘자, 혹은 누군가의 리드가 반드시 필요하다.

큰 노력 끝에 올린 초연의 결과는 참담한 실패였다. 관중은 야유했고 큰소리로 웃었으며 휘파람을 불어 조롱했다. 그러나 이 곡은 현대 음악의 역사상 뛰어난 걸작으로 인정받고 있는 것만은 부정할 수 없는 사실이다.

쇤베르크, 달에 홀린 피에로, 발췌 듣기

"쇤베르크가 미래의 음악으로 향하는 출발점이 아니라고 누가 감히 말할 수 있겠는가. 다만 이 작품은 우리의 예술적 경험과는 너무 멀리 동떨어져 있을 뿐이다. 지구와 화성의 거리만큼이나."

당시 이 곡의 초연을 감상한 어느 평론가의 의견이라고 한다.

이 곡을 감상하는 것이 '지금'의 우리라고 마냥 편한 것만은 아니다. 여전히 이 곡을 감상한다는 것은 어려운 일이고 여전히 이 곡은 우리를 두려움과 공포 혹은 우울함과 극심한 긴장으로 우리를 불편하게 한다.

 그러나 음악이, 당시 인류가 가진 영혼의 심연과 사회적인 문제들을 고스란히 비춰주는 거울 같은 존재로서 그 문제들을 야기하는 근원과 화해를 시도하는 모델로 존재하기를 꿈꾸던 작곡가의 진심은 그 누구보다 깊은 철학이라 말하지 않을 수 없을 것 같다.

 독립적인 위치를 당당하게 가진 열두 개의 음은 서로 어울려 아름다운 선율을 만들 수도 화음을 이뤄낼 수도 없다. 마치 인간들도 각자가 가진 자신의 독립적인 위치만을 고집한다면 화합하기 어려운 이치와도 같다. 현대를 살아가는 인간과 그러한 인간들이 모여 사는 우리 사회의 모습은 쇤베르크의 12음 기법이 만들어 낸 음악과 너무도 닮아있다.

 모두의 음악은 음악이 아니다. 쇤베르크의 이 말이 가진 뜨거운 진심도 이제 우리는 이해할 수 있다. 예술이 사회와 인간의 상처받은 심연을 비추는 거울의 역할을 그야말로 제대로 해내기 위한 철학이 담긴 작곡가의 뜨거운 진심이란 것을 말이다.

 쇤베르크의 저 말에 뜨겁게 동의하고 공감하는 동시에 그러나 음악은 또한 모두의 음악이어야만 한다. 그것이 나의 철학이다. 음악이 특정 계층이나 특정 개인 하나만을 위한 것이라면 그것은 이미 예술의 영역에 있지 않다고 나는 믿는다. 이해할 수 있는 사람만을 위한 예술, 알아들을 수 있는 사람만이 알아듣는 예술, 특정 장소에 갈 수 있는 계급에 속한 사람들만이 즐길 수 있는 그런 예술이라면 나는 단호히 거부한다.

예술은 이 시대를 살아가는 그 어떤 누구라도 아무런 장벽 없이 누릴 수 있어야만 한다고 믿는다. 아울러 모두에게 이해가 될 수 있고 모두에게 이해될 수 있는 그런 **모두의 음악, 모두의 예술**을 나는 꿈꾼다. '상처받은 개인' 같은 12음 기법이라도 정말 누구라도 알아들을 수 있는 쉬운 해설과 함께, 세상 방방곡곡 모두와 함께 할 수 있는, 진정으로 낮은 무대를 찾아 모두를 위해 존재하고, 모두에게 감상 되는, 사회적인 책임을 다하는, 그런 예술로서의 음악을 나는 꿈꾼다. 단 한 사람의 낙오도 없이 모두가 누릴 수 있는 예술, 그것이 내가 음악에 대해 가진 유일한 희망이자 욕심이다.

사회적으로 존재하는 예술,
예술적으로 존재하는 사회.

'모두의 음악'을 자신만의 신념과 방법으로 실천하고 있는 필자의 신문 기사

VI

존재가 '거주'하는 가옥
'언어' 거주의 지평을 넓히는 '음악'
하이데거와 스트라빈스키

마르틴 하이데거
언어는 존재의 집

마르틴 하이데거
(Martin Heidegger, 독일, 1889~1976)

'존재와 시간(Sein und Zeit)'으로 유명한 마르틴 하이데거는 실존주의 철학의 대표 철학자라 할 수 있다. 실존주의 철학은 앞서도 언급한 대로, 이전과 달라진 인간의 '본질'에 대해 다시 새롭게 이해해야만 하는 시대적인 아픔을 통해 태어났다.

실존주의 철학이 주목한 인간의 또 다른 중요한 본질은 '불안'이다. 이 불안을 이해하기 위해 우리는 먼저 '죽음'을 이해해야만 한다.

누구도 피할 수 없는 죽음, 곧 '무(無)'는 모두에게 공통으로 똑같이 주어진 삶의 종착역이자 목적지다. '무(無)', 삶의 끝, 생이 종료. 그것이 일으키는 감정은 반드시 불안임을 아는 것, 아울러 거대한 자유로부터 말미암은 인간의 '고독', 그 '무화(無化)된 세상 역시 불안함을 동반할 수밖에 없다는 것을 인정하는 것에서부터 실존주의 철학에 대한 이해가 시작된다.

'불안'은 잘못된 감정일까?

인간은 이 불안이란 감정을 반드시 해소해야 하는 것일까?

인공지능(챗지피티)이 고독을 그린 그림. 하나의 인간 뒤에 비친 두 개의 그림자로 분열하는 인간의 '불안'을 표현하였다.

나도 모르는 새에 내가 상상할 수 있는 세상의 모든 것들이 갑자기 썰물처럼 전부 밀려가고, 거기에 텅 빈 허공만이 공허하게 남았다는 것을 확인했을 때, 우리는 불안하다. 그 공허한 허공에 덩그러니 혼자 남겨진 나, 모든 것으로부터 단절된 내가 허공에 홀로 남은 나를 구원하기 위해 안절부절못하는, 이 을씨년스러운 감정이 바로 불안이다. 불안을 마주할 때 인간은 본능적으로 불안하지 않으려고 노력한다. 그 노력의 하나로 불안한 인간은 무리 지은 사람들 속에 기필코 들어가 안정감을 느끼고 평안함을 얻으려고 혼 힘을 다한다.

그러나 이러한 방식은 불안을 해소하기 위한 근본적인 방법이 아니다. 누군가 방에 똥을 싸서 냄새가 엄청 고통스럽다면 근본적이고 본질적인 해결 방법은 유일하게 냄새의 근원인 똥을 깨끗하게 치우는 일이다. 그 똥을 그저 덮어두거나 그 위에 탈취제를 뿌리는 것은 상황을 더 악화시킬 뿐이다. 단 하나도 해결된 것이 없기 때문이다. 많은 사람이 똥을 깨끗이 치우는 것보다 그저 덮어두거나 탈취제를 뿌리는 등의 비본질적인 차선책을 선택하는 이유는 그것이 훨씬 더 쉽고 빠르고 편하기 때문일 뿐이다.

비슷한 논리로 고독과 불안의 해소를 위해 자신의 본질적 존재를 고민하여 답을 찾는 사람은 극히 드물다. 그저 친구를 찾아 헤매고 중독이 될 만한 것들, 이를테면 도박, 게임, 약물, 관계, 성 등을 찾아 자신의 외로움을 의탁하고 또 의존하는 방식으로 불안을 해소한다. 그러나 쉽고 빠르며 즉각적인 위로와 안정을 주는 그 길의 끝에 반드시 타락이 있다. 타락은 그렇게 즉각적인 안락함을 추구하는 인간의 본성을 파고들어 언제나 승리자의 위치에 선다.

삶은 언제나 선택의 연속이다. 이제 우리는 '고독과 불안'의 본질적 해결 방법을 선택해야만 한다. '중독이 선사하는 편리한 의존과 그 의존으로 말미암은 안락한 타락'으로의 도피를 선택할 것인지 아니면 자신의 본질을 찾아 자기 자신을 실존하게 만들 것인지.

바로 이 선택에서부터 하이데거의 '**존재론**'은 꿈틀대기 시작한다.

하이데거는 "시간적으로도 또 물리적으로도 모두 유한함이라는 한계 속에서만 지속되는 우리의 삶은 당연히 불안하다"는 것을 제일 먼저 인지해야 한다고 했다. 우리는 우리가 느끼는 이 불쾌한 감정에 대해 스스로 '정상적'이란 진단을 우선 부여할 수 있어야만 한다. '고독과 불안'이라는 이 지극히 불편한 상황은 매우 '정상'이라는 진단.

'존재'란 무엇일까?

철학자들은 각기 자신만이 생각한 존재의 정의를 말했다.

아리스토텔레스는 표상에 주목했다. 지금 내 눈앞에 '있는 것'이 대체 '무엇'이냐는 것이다. 그 '무엇' 즉 표상이 존재의 본질을 규명한다. 사람이라는 '있는 것' 그 표상의 본질은 만물의 영장인 인간일지나 어쨌거나 동물이란 범주 안에 있다. 그러므로 사람은 곧 동물이라는 유(類)에 속하여 다른 존재와 구분이 된다.

나무는 목질의 식물로서 식물이라는 유(類)에 속하면서 그 존재가 규정된다.

아리스토텔레스는 내 눈앞에 있는 것을 객관적으로 판단하고 그 판단에 따라 비슷한 것들끼리 한데 묶어 분류하는 것으로 존재를 규명해 냈다.

한편, 물리학자이자 수학자이기도 했던 프랑스의 철학자 데카르트(르네 데카르트, 1596~1650, 프랑스)는 '나'라는 존재를 제일 먼저 규정하는 것으로부터 존재의 정의를 찾아나갔다. "나는 생각한다. 고로 존재한다."는 명제를 제1원칙으로 삼아 그 단호한 전제하에 다른 존재를 규명해 나가는 방식이었다. 그에게 (나를 제외한) 존재란 일정 공간 안에 물리적인 자리를 차지하고 있는 '물리적'인 개념이었다.

'존재'에 대해 규명한 두 철학자의 방식에는 공통점이 있다. 바로 '내 눈앞에, 공간을 차지하며 눈으로 확인이 가능한 객관적인 표상'이라는 점이다. 그러나 지금 우리가 함께 논할 하이데거의 '존재'는 앞서 언급된 아리스토텔레스와 데카르트의 존재 규명 방식과는 그 개념이 완전히 다르다.

하이데거에게 존재는 단순히 물리적, 수학적으로 자리를 차지하고 '있는 것'을 초월하는 **선(先) 술어적인 개념**이다. 예를 들어 나무라는 존재는 어딘가에 있는 '식물'이기 이전부터 이미 존재하기 시작한다. 나에게 시원한 그늘을 선물하고 바람결에 흔들리는 나뭇잎 소리를 들려주는 휴식 같은 '존재'로 내 눈앞에 있지 않더라도 나무의 존재는 이미 존재하는 것이다. 책 역시 마찬가지다. 여러 장의 종이가 한데 묶여 이루어져 '책상 위에 놓인 지식 전달을 위한 물체'로 내 눈앞에 있기 이전에 책이란 사람이 읽고, 읽은 것을 바탕으로 생각하게 되는, 감동을 받거나 새로운 지식을 얻는 그런 '존재'로 이미 존재한다.

이러한 존재의 정의 안에는 모두 존재자인 나와의 어떠한 '관계'가 있다.

그러므로 하이데거의 존재론은 '관계'가 전제되지 않는 한 설명할 수 없다.

하이데거는 그의 책, '예술 작품의 근원'에서 고흐(빈센트 반 고흐, 1853~1890, 네덜란드)의 저 그림(제목: 구두)을 예로 들며 존재에 대해 설명했다.

그림 속 구두는 어떤 존재인가?

구두는 어떻게 작품 속에 존재하는가?

고흐가 저 구두를 그리면서 흐트러진 구두의 정확한 형상과 그 모양, 그리고 까진 가죽의 질감과 정리되지 않고 흐트러진 신발 끈 등을 최대한 비슷하게, 사진과도 같이, 객관적으로 똑같이 재현해 내는 것에 주목적을 두었을까? 즉 고흐는 표상에 중점을 두었을까?

아니면, 저 구두의 낡은 형상으로부터 상상이 가능한 구두 주인의 고단한 삶과 낡은 구두를 버리지 못하고 계속 신을 수밖에 없는 가난한 일상과 구두가 저렇게 낡을 수밖에 없는 구두 주인의 거친 삶 등을 담고자 했을까?

그 판단이 바로 존재의 진실에 대한 올바른 이해의 시작이라는 것이다.

모든 존재는 다른 존재들과의 관계 속에서 그 존재가 규명된다. 하여 존재자인 인간은 '언어'로서 존재를 규정하는 것으로 비로소 스스로의 존재를 드러낸다.

하여 '언어'는 존재가 머무는 가옥(집)이고, 그 가옥(언어) 안에 존재가 '거주'하면서 인간은 끊임없이 존재의 밝음으로 향해 탈존한다.

머리가 아프도록 너무 어려운 말이지만 결국 이 말을 쉽게 풀어 다시 써본다면 인간은 세상의 모든 관계 속에서 자기 생각을 언어에 담아 표현하는 존재이며 그렇게 언어를 통해 자신의 존재를 드러내고 증명하면서 진리를 추구해 나가는 존재라는 말이다. 그러므로 언어는 인간에게 있어 자기 생각과 사유를 담는 가옥(집)이고, '언어' 즉 '말과 글'을 통해 끊임없이 진리(존재의 밝음)를 향한 탐구(탈존, Ek-sistence, 脫存)를 추구함으로써 인간은 비로소 진정한 '존재'가 된다는 말이다.

이 말을 다시 한번 더 축약해 본다면 인간은 자신의 생각을 언어를 통해 말 하는 것으로 자신의 존재를 드러낼 수 있고, 또 '언어'를 사용하여 다른 존재를 규명함으로써 진리를 탐구하는 존재라는 의미이며 그리하여 우리 인간의 존재는 항상 언어(말과 글) 안에 '거주'하고 있다는 뜻이다.

이러한 그의 존재론적인 관점에서 생각해 보자면 (물론 하이데거가 음악을 직접적으로 언급한 경우는 극히 드물지만) 음악은 '존재의 집'인 언어가 열어 놓은 '거주'의 지평을 더욱 넓어지게 만드는 가교 구실을 해내는 것으로 생각한다. 다시 말해 음악은, 언어와 나란히 함께, 존재를 위한 '거주의 지평'을 넓혀주는 수단이 된다.

존재, 그 존재가 머무는 집, 언어. 존재는 언어 안에서 거주하고 예술(음악)은 그 거주의 지평을 넓힌다. 따라서 예술은 현실과 존재의 사유(이데아)를 잇는 '다리' 역할을 한다.

냉혹한 현실 세계와 상상이 만들어 준 세계(혹은 이데아)를 잇는 다리로서의 예술은 그 나름의 철학적 의무를 '이성적인 사고'가 아닌 '감정'으로, 감정의 고양을 위한 '아름다움을 형상화'하는 것으로 이행한다.

바로 이 점 때문에 헤겔은 예술이 언젠가는 사멸할 것이라는 주장을 했던 것이다.

정신의 본질은 결국 감정이 아닌 사고와 성찰을 통한 이성적인 '사유'이다. 예술도 역시 철학과 마찬가지로 순수하고 숭고한 정신의 본질로부터 태어나 그러한 정신의 본질을 위해 존재하지만 이성적인 '사유'가 아닌 '감정'을 다루고 감정에 호소해야만 하기에 정신의 본질을 고양하고자 하는 인간의 욕망을 실현하기에는 한계가 있다는 것이다. 그러한 태생적인 한계를 품은 예술은 결국 사라지고 오직 철학만이 살아남을 거란 주장이다.

하이데거도 (물론 그는 **예술이 사멸할 거라고 직접적으로 정확하게 말을 한 것은 아니지만**) 역시 헤겔과 마찬가지로 예술 역시 숭고한 정신으로부터 순수하게 태어났다는 것은 철학과 동일하지만 그럼에도 불구하고 예술은 그것을 감상하는 사람들의 '감정'에 호소하여 진리를 추구하는 방식이기에 인간의 존재를 증명하는 것에는 큰 효용이 없다고 했다. 그래서 예술을 학문의 영역으로 끌어들여 '언어의 옷'을 입혀 연구할 필요가 있다고 했다. 그것이 바로 예술철학, 미학이다. 예술을 철학적으로 사유하고 논하는 '**미학**'은 그렇게 하이데거에 의해 그 필요성과 정당성을 획득하게 되었다.

하이데거에게 예술은 순수한 감정의 소모를 통한 '감상'의 대상이 더 이상 아닌, '학문적 연구를 위한 대상이었다.

반대의 주장을 한 철학자가 있다. 음악을 전공한 '음악 비평가'이자 철학자인 아도르노(테오도어 아도르노, 1903~1969, 독일, 유대인)가 바로 그이다.

아도르노에게 예술은, 음악은 철학 그 이상이었다.

음악은 철학이 도달하지 못하는 영역을 직관적으로 비추는 동반자적 수단이었고, 철학은 음악과 나란히 함께 진리를 탐구하는 동반자였다. 아도르노에게 철학은 사회에서 벌어지고 있는 폭력과 구체적 고통을 정확하게 읽어내는 것에 그 의미가 있었다. 그에게 철학이란 고통의 해석학이다. 예술은 그런 고통이 그저 고통으로 남지 않도록, 인간이 고통과 화해하게 만드는 모델로써의 의미가 있었다. 아도르노는 예술이 어떠한 환상적인 꿈과 희망을 묘사하는 것을 지극히 경계하였다. 혹여라도 인류가 그러한 예술의 달콤한 유혹에 속아 이 세상에서 유토피아의 구현이 가능할 것이라고 믿는 것이 두려워서였다. 모든 예술은 아름다운 것이어야 하되, 반드시 진실의 기록이어야만 한다는 것이 아도르노의 신념이었다. 그리고 그 진실의 기록은 반드시 (고통으로부터의) '구원'의 관점에서 이뤄져야 한다는 것, 그것이 예술과 철학이 함께 지녀야 할 최소한의 도덕이라 했다.

진리를 위한 진리는 존재하는가.
예술을 위한 예술은 존재하는가.

이러한 물음은 아도르노에게 성립되지 않는다. 모든 진리와 아름다운 것들은 그것을 향유하는 사람들의 경험과 함께 반드시 상호 반응해야만 한다. 인류의 고통과 상호 반응하지 않는 예술과 철학은 그것이 무엇을 말하든지 오직 선동을 위한 **이데올로기**가 된다.

그러나 하이데거에게 철학은 인간 존재가 '존재의 밝음' 속으로 스스로를 열어가는 사유의 방식이었고, 음악은 그 철학의 바깥에 머무는, 말하자면 보조적인 수단이거나 혹은 미학적 탐구를 위한 연구 소재로서 기능할 뿐이었다. 물론 하이데거는 음악에 대해 체계적으로 논한 바 없지만, 그의 철학이 철저히 언어 중심적이라는 점에서 음악은 그 '존재의 집'의 바깥, 혹은 그 주변부에 놓인 채 언어를 위해 복무해야만 하는 수단으로 이해되기 쉽다.

　피아니스트로서, 그리고 음악가로서 철학과 음악 사이에 다리를 놓고자 하는 나로서는 당연히 아도르노의 입장에 더 공감이 간다. 나는 하이데거의 '언어'를 중심으로 한 이성적 산물로써의 철학에 대해 반론하고 싶다.

　"과연 인간의 이성은 절대적으로 믿을 수 있는가?"

　앞서도 언급했던 독일의 신학자 마르틴 루터는 "이성은 악마의 창녀"라 했다. 이 말은 종종 오해되지만, 루터는 신앙 없이 독단적으로 기능하는 이성이 얼마나 자주 진리를 배신하며 권력에 봉사하는지를 지적했다. 중세 말의 카톨릭교회가 면죄부라는 이름 아래 신앙을 상품화하고 구원을 거래할 수 있다고 대중을 선동했던 바로 그 엄청난 오류는 신앙으로 치장한 '이성'이었다. 이처럼 이성과 지혜 그리고 지식은 때로 인간을 구원하기보다 오히려 그들을 희생시키는 수단이 되어 왔다. 얼마나 많은 순간 이성은 진리를 외면한 채 권력의 하녀를 자청했던가. 이성이 권력의 목적에 복무할 때 이성은 더 이상 순결한 사유의 수단이 아닌 악마의 창녀가 된다. 그렇다면 철저하게 이성을 통한 사유를 기반으로 한 하이데거의 철학 또한 언제든지 진리의 왜곡이나 타락을 낳을 수 있는 위험을 품고 있다. 영국의 철학자 데이비드 흄은 인간의 깊은 내면에 존재하는 '공감'으로 인해 인간은 상호간의 진심어린 교류를 나눌 수 있는 것이라고 했다. 이성적인 판단만으로는 절대로 불가능한 '희생'이나 '양보' 같은 믿을 수 없는 일을 인간은 종종 당연하다는 듯 해내기도 하는데 그 원동력도 바로 인간의 깊은 내면에 존재하는 '감정' 덕분이라는 것이다. 하여 흄은 이성을 두고 '감정의 노예'라고 했다. 어쩌면 헤겔이나 하이데거가 주장한 순수하고 완전한 정신으로부터 태어난 진리의 성찰이란 애초에 없는 것인지도 모른다.

이성만이 정신의 본질을 고양할 수 있는 유일한 수단이 될 거라는 예언은 그 예언이 맞고 틀리고를 떠나 내겐 너무 슬픈 예언이다. 세상에는 지적 능력이 월등한 사람들만 살고 있지 않다. 아니, 오히려 훨씬 더 많은 숫자의 사람들이 '존재'가 뭔지 아예 생각조차 하고 살지 않는다. 세상에 존재하는 대부분 사람은 팔자 좋게 책이나 읽고 앉아 있을 시간조차 없이 노동에 시달려야만 겨우 살 수 있기도 하고 그런 사람들은 아마도 헤겔이나 하이데거가 누구인지조차 모르고 살아갈 것이다. 그러나 그들도 이 세상을 존엄하게 살아가야만 한다. 그들을 위해 감정을 수단으로 하여 정신의 본질을 고양하는 예술도 필요하지 않을까. 태어난 상황에 따라 삶이 내게 허락하는 조건에 따라 이성과 사유의 능력은 저마다 달라질 수 있지만 감정은 누구나 가지는 본능이기에 예술을 통한 정신의 도야는 절대 사라지지 않을 것이며 또한 그리되어서도, 그리되도록 좌시해서도 결코 아니 된다고 나는 생각한다.

감정은 이성을 분명 돕는다, 그리고 이성을 감정의 동요를 중재한다. 이성과 감성은 정의의 여신 '디케'의 저울처럼 어느 한쪽으로 기울면 결코 안 되는 것이라는 생각이 하이데거를 향한 내 반론의 논거이자 내가 이 책을 쓰는 목적이다.

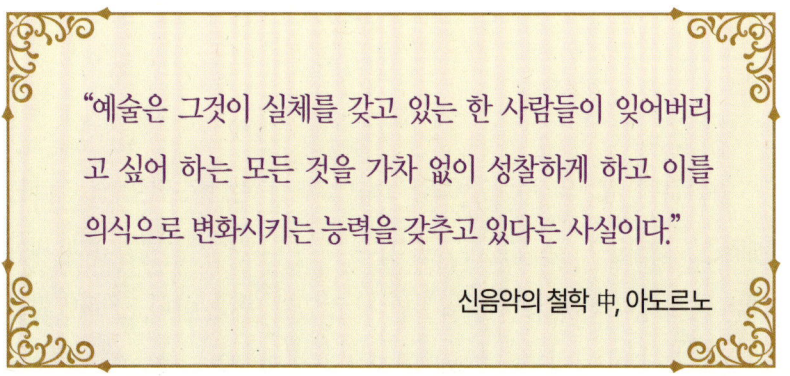

"예술은 그것이 실체를 갖고 있는 한 사람들이 잊어버리고 싶어 하는 모든 것을 가차 없이 성찰하게 하고 이를 의식으로 변화시키는 능력을 갖추고 있다는 사실이다."

신음악의 철학 中, 아도르노

결국 예술은 철학을 보조하는 수단으로서가 아니라 그 자체로 가치를 드러내고 진리를 열 수 있는 독자적 방식으로 존재해야만 한다. 예술은 예술 그 자체로 의미가 있다.

이고르 스트라빈스키,
존재의 거주, 그 지평을 넓히다, 시편 교향곡

이고르 스트라빈스키
(Igor Stravinsky, 러시아, 그리고 미국 1882~1971)

이제껏 나온 모든 철학자와 음악가들은 모두 독일과 오스트리아, 그리고 프랑스인들이 전부였다. 이제 우리는 러시아 출신의 작곡가 스트라빈스키를 만나보자.

1882년 러시아 상트페테르부르크에서 태어난 현대음악의 거장 스트라빈스키는 법대를 나왔다. (의외로 음악사에 법대 출신 위인들이 정말 많다. 독일의 낭만 음악의 거장 슈만도 라이프치히대학에서 법학을 전공했고 러시아 낭만 음악의 대표주자인 차이코프스키도 법대를 나와 법무성의 서기로 근무까지 하다 음악가의 길로 접어든 경우

다. 우리나라에서는 "우리 애가 공부를 못해서 음악을 시켜보려고요."라는 말을 종종 듣지만 정작 음악은 머리가 나쁘면 절대로 할 수 없는 분야라고 나는 믿어 의심치 않는다. 정답이 없는 학문인 예술을 해낼 수 있는 사람이라면 이미 정답이 정해진, 그저 외우면 그만일 '법'쯤을 어렵다고 여길 사람은 없을 것 같다. 피아니스트인 내게도 세상에서 가장 어려운 일은 피아노를 연주하는 일이다. 그 외의 모든 일은 아무 것도 어렵다고 여겨본 적이 없다) 법률을 전공하는 와중에 러시아의 위대한 작곡가 중 한 사람인 림스키코르사코프에게 작곡을 사사했고 아주 뛰어난 재능과 능력을 보였다고 한다. 그 후로 러시아 발레단을 위한 발레 음악을 만들면서 그의 음악적 능력을 완벽하게 인정받고 전문적인 음악인의 길로 들어선 다소 특이한 경력을 지녔다.

발레 음악인 〈불새〉〈페트루슈카〉〈봄의 제전〉 등을 남겼고, 이때까지만 해도 전위적이고 급진적인 진보적 음악을 추구했던 것으로 보이며 세간의 평가와 호응도 좋은 편에 속했다. 스트라빈스키의 러시아 시절은 전위적이고 급진적인 성향을 띤 발레 음악을 창작하는 것에 매진한 시기였다.

1917년 러시아 사회주의 혁명 이후 프랑스 파리로 떠났는데 당시 수많은 젊은 예술가들이 전 세계에서 몰려든, 최첨단 예술의 도시인 파리에는 급진적이고 진보적인 음악 대신 르네상스와 바로크 시대의 예술로 다시 회귀해야 한다는 '신고전주의' 예술운동이 일어났는데 스트라빈스키도 이에 영향받아 이 시기, 전위적이고 급진적인 음악에서 신고전주의의 작풍으로 돌아섰다. 이를 두고 아도르노는 "만인이 이해할 수 있고, 만인에게 사랑받는 예전의 음악을 20세기에 다시 구현한다는 것은 이미 해체된 것을 적당히, 골고루 취합하여 버무린 〈절충주의〉에 지나지 않을 뿐"이라고 그의 저서 『신음악의 철학』에서 격하하여 평가했다.

1차 세계대전 발발 후 스트라빈스키는 전쟁의 소용돌이를 피하고자 파리를 떠나 미국으로 망명하여 이후 계속 미국인으로서 생을 마쳤다. 하이데거가 칭송했다는 '시편 교향곡' 또한 이 미국 망명 시대에 탄생한 곡이다. 보스턴 교향악단의 창립 50주년 기념 작품으로 위촉받아 작곡되었고(아이러니하지만 초연은 1930년 다른 오케스트라, 브뤼셀 필하모닉이 연주했다.) 강력한 종교적인 색채를 띠며 신고전주의 작풍으로 창작되었다.

스트라빈스키는 1925년 손가락에 종기가 났었는데 그게 좀 심각한 수준의 종기였던 것 같다. 지금이야 종기가 무슨 큰일이겠느냐만 의술이 발달하지 않았던 당시로서는 이 종기로 죽기도 했던 모양이어서 그의 걱정은 매우 컸는데 이것이 기적적으로 깨끗이 낫게 된 계기가 스트라빈스키에게는 의술이 아닌 신앙이었던 모양이다. 이 사건 이후 스트라빈스키는 매우 깊은 신앙을 지닌 종교적인 작품을 많이 창작했고 이 시편 교향곡도 역시 그렇다.

시편 교향곡, Symphony of Psalms

총 3개의 악장으로 구성된 오케스트라를 위한 곡이다. 오케스트라의 편성은 다소 특이하여 바이올린과 비올라가 아예 제외되었고 대신 피아노가 2대가 편성되어 들어갔다. 아울러 4성부의 혼성 합창단이 오케스트라와 함께 연주하여 하이데거의 '존재론'대로 인간의 본질을 드러내는 집으로서의 '언어'를 사용하여 보다 정확한 메시지를 전달하는 메신저 역할을 담당하는데 여기서 스트라빈스키의 선택이 나는 좀 의아하다.

인간의 존재를 드러내는 방식으로서의 언어를 위해 음악이 종속되어야 한다는 하이데거의 주장대로라면 그 언어가 전달하는 메시지가 더 명확해야 할 것 같은데 스트라빈스키는 '사어(死語)'인 라틴어를 굳이 택한 것이다. "보편성을 탈피하고 타당한 이해로부터 초월하기 위해 '사어'를 택했다"라고 설명했는데 그렇다면 굳이 음악을 언어에 종속시켜 언어보다 하위개념에 둘 이유가 있었는가 하는 강력한 의문이 반발처럼 들었다.

"보편타당한 인간의 이해를 초월하고 싶다."

아무리 멋있게 말했어도 이 말은 결국 "아무도 알아듣지 못하게 하겠다!"는 뜻인데 그런 의미라면 너무나 추상적이어서 구체적 사고의 산물인 '언어적 의미'를 담지 못하는 '음'과 이미 아무도 쓰지 않는 '사어'는 대체 무엇이 다르다는 것인지? 이미 죽은 언어, 사어가 인간의 본질을 드러내는 집으로써 그 '사어' 안에 인간이 실존으로 거주할 수 있는가? 하이데거의 주장처럼 '존재의 밝음을 향해 탈존'하게 하는가? 나는 동의할 수 없다.

어쨌든 불가타 성경, 즉 라틴어 성경 중 구약, 시편 38편, 39편, 그리고 150편을 각 악장의 주제 메시지로 삼았다.

'1악장, 절망, 주님 저의 기도를 들으사' 시편 38편을 내용으로 한 1악장은 육체적인 질병과 죄책감, 그리고 배신감에 사로잡힌 다윗의 절망 기도가 잘 나타난 내용이며 '2악장, 인내, 나는 열렬히 주님을 기다립니다.' 시편 39편을 내용으로 한 이 고요한 2악장은 바로크의 대표적인 작곡 기법인 '대위법'으로 작곡되었다. 가냘픈 오보에가 내는 여리고 고운 첫 선율부터 중세 바로크 시대로 회귀한 것 같은 착각을 불러일으킬 만큼 르네상스의 교회 음악을 재현해 내어 깊은 신앙을 통한 금욕과 절제를 음악으로 재현해 내었다. 마지막 '3악장, 할렐루야, 주님을 찬양합니다!' 환희로 가득 찬 3악장은 '호흡이 있는 자마다 여호와를 찬양할지어다!'라는 시편 150편의 내용으로 장엄하고 역동적인 음악을 선사한다.

총 러닝타임이 20분 안팎으로 현대음악의 교향곡치곤 부담 없는 정도이고 신고전주의 작풍으로 감상하는 것에 큰 어려움은 없을 것으로 예상되어 한 번쯤 들어보는 것을 권한다.

음악의 시학, 스트라빈스키의 하버드 대학 강의

스트라빈스키는 1939년 하버드 대학에서 시학 강의를 했다. 시학은 시의 창작 기술에 대해 강의하는 것인데 스트라빈스키는 시가 아닌 음악을 창작하는 마음과 철학을 강의했다. 그 강의 내용은 책으로도 남아 아직도 음악가들의 필독서처럼 널리 읽히고 있다.

책의 내용으로 미루어 짐작하고 상상하는 스트라빈스키의 강의 내용 중 두 가지만 언급해 보자면 첫째로 연주자의 연주력과 해석력에 대한 주제다. 정말 어느 것이 더 중요할까.

연주력은 악보를 그대로 정확하게 연주자의 손에 의해 실현해 낼 수 있는 능력의 객관적 문제이고 해석력은 그 완성된 연주력 위에 연주자 고유의 생각을 입히는 주관적 능력의 문제인 것인데 이 문제에 대해 나 또한 연주자로서 개인적인 생각을 이야기하자면 연주력은 연주자에게 기본적으로 요구되는 필수 조건에 불과하다. 이 연주력이 없는 사람은 음악대학조차 진학할 수가 없다. 그러므로 아주 세계적인 연주자뿐만 아니라 하다못해 그저 그런 직업 연주자라도 기본적인 연주력이 갖춰지지 않은 연주자는 세상에 없다고 보는 것이 맞다. 그러므로 연주자들이 매일 많은 시간을 들여 수행하는 이 '연습'이라는 과정에는 연주력을 위한 과정이 차지하는 비중은 정말 사람들이 생각하는 것보다 훨씬 비중이 작다. 각 연주자만의 해석력을 소리 안에서 재현해 내기 위한 그 과정에 더 많은 시간을 투자하고 온 영혼을 다 바쳐 심혈을 기울인다고 보는 것이 맞다. 그리고 부디 연주자들의 연습을 그저 손가락 길들이는 체조라고 생각하지 마시고 그러한 영혼의 수행이라고 소중하게 여겨주시기 바란다.

반대로 예술가의 연주력이 해석력보다 더 중요하다는 생각으로 상상해 본다면 어차피 작곡가들이 남긴 똑같은 작품을 연주하는 것이 클래식 음악인데 굳이 이렇게 많은 연주자가 세상에 존재해야 할 이유가 전혀 없다. 악보는 물론 모든 연주의 의문을 해결해 주는 가장 소중한 열쇠이지만 그것을 연주력으로만 완성한다면 모든 사람의 연주는 반드시 똑같을 수밖에 없다. 그러나 세상에 존재하는 모든 작품은 각 연주자가 자신만의 철학으로 부여하는 각기 다른 해석을 입고 같은 작품이라도 전부 다른 연주로 저마다 새로 태어나는 것이다. 똑같은 베토벤 피아노 소나타를 연주하더라도 '마우리치오 폴리니'의 연주와 '에밀 길레스'의 연주는 결코 똑같은 작품이라 말할 수 없다. 연주자만의 세계관과 철학이 고스란히 담긴 '해석력'으로 인해 모든 연주자가 각자의 연주에 자신만의 고유한 가치를 갖는 것이다. 하여 세상의 모든 연주자는 서열로 세울 수 없다.

많은 사람이 연주를 듣기 위해 공연장을 찾으면서 공연을 '감상'하지 못한다. 사람들은 '평가'하기 위해 공연장을 가고 음악을 듣는다.

평생을 예술에 바친 예술가들을 평가하는 것이 마치 비전문가인 자신들의 영혼을 위로하는 가장 본질적인 목적이라도 되는 듯 예술을 대하고 쉽게 '소비'하는 것이다. 그러나 부디 이제부터라도 그러지 마시기를 당부드린다. 플라톤부터 아도르노를 거쳐 하이데거에 이르기까지 수많은 철학자는 각기 서로 다른 예술관을 펼쳐 왔다. 그들은 예술이 순수한 정신과 영혼의 산물이라는 것과 그러한 예술을 누리는 인간의 영혼이 치유라는 '사건'을 겪음으로써 인생이 풍요로워지든지, 힘을 얻든지, 도피하든지, 고통을 직면하든지, 그 고통과 화해하든지 하는 인간의 영혼 안에서 발휘하는 '예술의 효능'에 대해 연구하고 증명했다. 그러나 작금의 감상이란 '평가의 족쇄'를 벗지 못하는 것 같아 못내 마음이 아프다. 니체가 그의 책 '비극의 탄생'에서 비판하였듯 "꼬치꼬치 따질 뿐 전혀 즐길 줄 모르는 <비평가>"에겐 아무리 두리번거려 봐도 삶의 마지막 단 한 조각도 남을 수가 없는 법이다.

감상은 위로와 치유를 남기지만
평가는 당신의 가슴 속에 그 무엇도 남길 수 없다.

진정한 감상은 판단이 아닌 공명이며 그 공명 속에서 예술과 인간은 서로를 구원한다.

다음으로는 주목해 볼만한 그의 시학 강연 내용은 신고전주의에 대한 자신의 입장을 피력한 것이라 할 수 있겠다. 창작은 자유로워야 하지만 통제될 때 더 빛을 발하는 것이라며 디오니소스적인 감상에 그저 취하지 말고 잘 조련할 것을 당부했다. 예술은 통제와 제한이 가해지고 그에 수고를 더했을 때만이 빛을 발하는 것이라며 브람스(요하네스 브람스, 1833~1897, 작곡가, 독일)의 경우를 예로 들었다. 브람스는 낭만주의 작곡가지만 엄격한 고전의 방식을 고수한 작곡가다. 결국 음악이란 인간이 자기 이웃과 화합하고 나아가 영적으로 교감에 이르도록 돕는 것에 그 궁극적 목적이 있는데 그를 위해 창작의 자유가 헛된 망상이 되지 않게 하기 위해 규율과 전통이 필요한 것이라는 내용의 강의를 했다.

스트라빈스키, 시편 교향곡, 지휘: 리카르도 무티

VII

고통을 해석하는 철학, 고통과 화해하는 예술
테오도어 루트비히 비젠그룬트 아도르노

계몽된 폐허 속 예술의 저항,
'예술, 사회를 비추는 거울이 되다!'

테오도어 루트비히 비젠그루트 아도르노
(Theodor Ludwig Wiesengrund Adorno, 독일, 1903~1969)

　아도르노는 이제껏 거론된 모든 철학자의 이야기와 더불어 항상 함께 거론된 이름이었다. 니체가 철학자로서 음악의 본질을 철학적으로 접근하여 연구한 사람이라면 아도르노는 실제로 본인 자체가 전문 음악인이기도 했던 그런 철학자였다. 아도르노에게 철학은 음악을 통해 바라본 세상을 향한 분석이다. 음악으로 철학을 그리고 사회를 논할 수 있는 그런 철학자 겸 음악가가 바로 지금 이야기하고자 하는 아도르노다. 아도르노의 5대 저서라고 알려진 책은 『계몽의 변증법』, 『부정 변증법』, 『미니마 모랄리아』, 『미학 이론』, 그리고 『신음악의 철학』

이렇게 5권인데 모든 책에 개진된 아도르노 철학의 근원은 『예술로서의 음악』이었다.

그러므로 아도르노 편에서는 어떤 음악가 한 명과 아도르노를 엮어서 이야기하지 않고자 한다. 아도르노에게 음악은 그의 철학의 전부니까. 그에게 철학과 음악은 같은 뜻을 지닌 다른 음의 '동음이의어'니까.

세상은 그를 일컬어 '고통의 철학자'라고 부른다. 그의 철학은 인간의 삶에 내재한 '고통의 문제'를 일관되게 관통하고 있다. 세상에 존재했던 모든 철학자는 서로 철학과 가치관이 달랐을지언정 한목소리로 말했던 주제가 있다는 것을 우리는 이제 안다. 저 고대 그리스의 철학자들로부터 비교적 우리와 같은 시대를 살았던 근대 철학자인 아도르노까지 일치된 키워드가 있다면 바로 삶은 '고통'이라는 것이다.

다만 그 삶의 고통을, 여타의 철학자들은 개인의 문제로 여겨 스스로 삶에의 힘과 의지로 그 고통을 이겨내든 회피하든 치료를 받든 하라고 했지만 아도르노는 고통의 해소와 치유를 사회적 해방을 통해 구현하고자 한 것도 다른 철학자들과는 다른 특이점이라 할 수 있겠다. 고통의 사회적 원인을 해석한 철학자 아도르노, 그는 정말 가슴 아프게도 혼돈의 시절 유대인에게는 학살의 땅이었던 유럽, 독일에 거주하던 유대인이었다.

부유했던 사업가 아버지와 유명했던 오페라 가수 어머니 사이에서 태어난 아도르노는 대게의 철학자들처럼 지긋지긋하도록 불행한 가정환경과 찢어지는 가난 속에 살지 않았다. 매우 화목하고 유복한 환경에서 행복한 어린 시절을 보냈다. 음악가였던 어머니 덕분으로 음악과 친숙한 환경에서 자란 그는 비단 음악을 향유하는 입장에만 머물지 않았다. 음악을 전공하기 위해 오스트리아 빈으로 건너가 작곡을 전공하며 알반 베르크(1885~1935, 오스트리아, 작곡가. 아놀드 쇤베르크, 안톤 베베른과 더불어 2차 빈악파를 주도했던 인물)를 사사했다.

이렇게 그는 세상을 향한 열린 경험에의 열망과 그를 전적으로 지지하고 응원하는 사랑이 가득한 가정에서 걱정할 것 하나 없이 지내던 그의 여유로운 삶은 그에게 철학과 음악 사이를 유쾌하게 넘나드는 광활한 사유를 허락했지만, 꽃길만 걷는 인생은 어디에도 없듯 그 누구의 삶도 마냥 행복할 수만은 없다. 아도르노도 그렇다. 아도르노의 불운은 오직 그가 유대인이라는 것에 있었다. 1933년 히틀러가 정권을 잡자, 아도르노는 고국인 독일에 더 이상 살 수 없었다. 히틀러의 집권은 아무런 죄도 없는 아도르노의 삶을 갑자기 모두의 적으로 만들어버린 실로 엄청난 사건이자 경험이었다. 이후로 아도르노는 유대인이라는 낙인이 찍힌 채 쫓기듯 해외로 이주하여 떠돌이 **국외자**로 사는 삶을 살아가게 된다. 강요받은 국외자로 사는 삶, 그것에 대한 깊은 성찰은 아도르노의 철학을 구성하는 중요한 요소가 되었다. 개인의 고통을 해석하고 치유하기 위한 목적으로서의 철학, 그리고 그 고통의 원인이 되는 사회적 문제들에 대한 철학적 해결을 위해 깊이 있는 연구를 하게 되었다.

아도르노의 철학적 입장은 단호했다. 그는 사물이나 인간을 '구원의 시각'으로 갖고 성찰하는 것이 철학의 유일한 존재 이유라고 했다. "역사는 고통을 객관화한 서사"라고 생각했던 아도르노는 "인류는 이렇게 늘 고통에 시달려 왔는데 그것을 어떻게 한 개인의 성찰을 통한 개인의 능력으로 극복할 수 있겠냐"라며 항변했다. 어느 한 위대한 개인이 나타나 갑자기 구원하는 세상은 큰 의미가 없다고 생각했다. 사회를 구성하는 구성원 모두의 성찰을 통한 '사회적 해방'이 전제되지 않는 한, '개인의 해방'은 절대로 있을 수 없다는 주장이었다.

세상이 이미 변했기 때문에 철학도 이젠 달라져야만 했다.
과거 철학자들이 '개인의 성찰'을 그토록 강조했던 이유는 단지 사회가 단순했기 때문만은 아니었다. 도덕과 진리 그리고 정의라는 문제는 한 인간 개인의 내면에서부터 시작한다고 믿었기 때문이었다. 물론 당시 사회는 귀족과 하인 그리고 노예 등 신분제에 기반 한 위계 구조로 운영되었고 문제의 해결 또한 '지배자의 윤리적 태도'에 과도하게 의존할 수밖에 없었기에 한 개인의 성찰을 통한 사회의 구원이 어느 정도는 가능했던 시대였다.

하지만 사회가 점점 발전하게 되면서 진정한 철학적 성찰은 이러한 위계 구조를 넘어 보편적인 인간의 본성과 개개인의 존엄, 그리고 그 개개인들이 모여 이룬 공동체의 사회적 윤리에 대해 탐구해야 한다고 그 방향을 바꾸게 되었다.

산업혁명은 사회 구조를 근본적으로 바꾸었다.

이제 그 어디에도 '주인님'은 안 계신다. 과거, 하인이나 노예로 존재했던 사람들은 법적으로 신분의 자유를 얻었지만 이제는 자신이 스스로의 삶에 주인이 되어 생존을 책임져야 하는 '노동자'가 되었다. 이제 귀족은 더 이상 존재하지 않지만 그 자리에 대신 들어선, 새로운 지배 계층인 '자본가'는 생산 수단을 독점하며, 즉 모든 돈을 혼자 독점적으로 쓸어 담으며 새로운 시대의 또 다른 지배자가 되었다.

일한 만큼 벌 수 있다는, 그리하여 누구든지 열심히만 일을 한다면 "너도 얼마든지 자본가가 될 수 있다"는 부푼 성공의 꿈, 그 꿈을 이룰 수 있는 '자유'가 신분의 장벽을 허물고 모두에게 평등한 기회로 보장된 정의로운 사회. 우리는 정말 이런 사회를 살고 있는가. '자유'와 '공정' 그리고 '정의로움'은 진실로 우리 모두의 꿈을 아무런 장벽 없이 펼치고 이룰 수 있게 하는가.

'자유'라는 불안한 방임 속, '공정'이란 핑계로 아무런 방어막도 없이 내몰린, '정의로움'은 그저 잔혹한 생존 게임이었다. 이제 신분의 사슬은 끊겼으나 생존의 불안이라는 새로운 사슬이 인간을 다시 구속하기 시작한 것이다.

　이러한 사회구조의 변화는 철학자들의 성찰에 대한 방식을 바꾸었으며 이제 인간의 행복은 한 개인의 윤리적 성찰과 책임만으로는 해결할 수 없는, 사회 제도적 문제들의 해방을 통해 이루어야만 하는 보다 복잡한 주제가 되었다.

노동자들에게 자유, 공정, 그리고 정의가 가져다준 것

과거 봉건제 사회에서 하인과 노예는 철저히 주인의 재산으로 간주했고 인간 존엄이라는 가치는 계급 내부에서만 제한적으로 작동했다. 표면적으로 그들이 크게 학대받지 않고 인간적인 대우를 받는다는 전제하에, 당대 사회는 하인과 노예들의 인권에는 큰 문제가 없는 것으로 간주했다. 불평등은 당연한 구조였지만 그에 대한 문제 제기는 주인도, 하인도, 노예들도, 아무도 하지 않았다.

그러나 18세기 후반, 영국을 시작으로 산업혁명이 시작되면서 상황은 급격히 달라졌다. 증기기관의 발명과 공장제 생산의 확대는 노동의 공간을 귀족의 저택이 아닌 도심 속 한복판, 산업현장으로 이동시켰고 하인과 노예는 이제 '노동자'라는 새로운 신분으로 재편되었다. 이 변화는 단순한 직업의 이동이 아니라 삶의 조건 자체가 재정의 되는 거대한 전환이었다.

과거, 주인의 재산으로 간주하던 하인과 노예들이 불평등을 담보로 최소한의 의식주를 제공받으며 생존의 최저 마지노선을 보장받았다면, 산업 혁명 이후 자본주의 사회의 노동자는 스스로 자신이 주인이 되어 살 수 있는 '자유인'이라는 신분을 얻은 대신 생존의 책임을 스스로 감당해야 하는 존재로 변한 것이다. 사실상 그들은 단 하루라도 그들의 노동을 팔지 않으면, 그러니까 예를 들어 아프다거나 다쳤다거나 하는 등의 피치 못 할 사정으로 더 이상 노동을 할 수 없는 형편에 놓이게 된다면, 그들은 단 한 끼의 식사는커녕 내 한 몸을 뉘어 편안히 쉴 수 있는 아주 작은 공간마저도 가질 수 없는 매우 절망적인 상태에 놓이게 될 것이다.

산업혁명 당시 영국 노동자들이 잠시 눈을 붙이던 숙소이다. 이른바 '줄 호텔'. 하루의 고된 노동을 마친 노동자들은 자신의 몸을 이렇게 애처로운 줄 하나에 의탁하여 하루를 마감했다. 다음날 이른 아침이 되면 어차피 다시 일터로 나서야 하기에 공장과 건설 현장의 근처엔 이런 노동자들의 숙소가 그들의 보금자리가 되어주었다고 한다. 기상 시간이 되면 저 줄을 끊어버리는 것으로 그들은 잠에서 깨어나게 되며 그렇게 다시 아무 일도 없었다는 듯 저들은 일터를 향해 출근했다고 한다.

19세기 영국의 산업도시 맨체스터나 버밍엄의 노동자 주거지에선 10명이 넘는 가족이 창문도 없는 지하실에 모여 살았고 아직 어린 미성년의 아동들은 하루 12시간 이상 섬유 공장에서 값싼 임금을 받으며 가혹한 노동에 시달렸다.

이것이 자유와 공정, 정의로움의 참모습이었다.

그 시절 노동자 계급에 죽음은 늙음보다 빨랐다.

그렇게 노동자들의 값싼 노동력을 기반으로 한 1차 산업혁명 덕분으로 대량생산이 가능해진 인류는 이제 2차 산업혁명에 접어들게 되었다. 대량으로 생산한 제품을 서로의 필요에 따라 국가 간 무역을 시작한 것이다. 수출, 수입을 통해 물건들을 사고팔기 시작했다. 이제 아시아에서도 남미의 커피를 마실 수 있게 된 것이다.

덕분에 온 세상은 경제적으로 윤택한 삶을 누리는 것처럼 보였다. 사람들은 이제 경제적인 윤택함이 곧 행복이라는 고정관념을 갖기 시작했고 행복과 사랑 같은 감정마저 '문화'라는 핑계로 상품화가 이루어져 인간은 소비하는 것에서 기쁨과 향락을 찾았다. 행복의 개념이 상품화되어 모두에게 규격화된 것이다.

이제 인간은 상품화된 행복의 가치를 소비할 수 있느냐 없느냐로 갈리게 되었다. 같은 노동자라도 그 행복을 소비할 수 있는 자와 없는 자로 다시 계층은 갈라지게 되었고 그로 인해 보이지 않는 균열이 동일 계급 내에 다시 생겼다.

3차 산업혁명을 이룬 20세기, 드디어 인류는 정보화를 등에 업고 소비를 통해 각자가 얻은 상품화된 행복을 실시간으로 공유하며 서로를 비교할 수 있게까지 되었다. 이제 상품뿐 아니라 정보도 돈이 되는 시대가 온 것이었다. 3차 산업혁명, 곧 정보화 시대의 사람들은 자신을 상품화하여 팔기 시작했다. 이름하여 사회관계망 서비스를 통한 '퍼

스널 브랜딩'의 시대가 온 것이다. 각종 사회관계망 서비스는 말이 좋아 소통이지 각자의 삶을 과시하는 데 있어 더없이 쉽고 좋은 수단이 되었고 모두가 그 상품화되고 획일화된 행복의 기준 안에 들어가고자 안간힘을 썼다. 이제 행복은 곧 성공의 지표가 된 것이다.

행복을 추구하고자 하는 인간의 욕망을 미디어는 끝도 없이 부추겼다. '상대적 박탈감'이란 신조어가 생겼고 그 박탈감은 미디어를 통해 구체적으로 내가 (남들과 비교하여) 얼마나 불행한 것인지를 조목조목 알게 했다. 형상화된 불행은 갈수록 구체화해 기하급수적으로 배가되었고 사람들은 이유를 알 수 없는 패배를 알 수 없는 대상으로부터 매일 당하면서 살게 되었다.

마침내 우리는 4차 산업혁명의 길목에 접어들어 있다. 4차 산업혁명, 이른바 인공지능의 시대. 인공지능은 지금 이 순간도 멈추지 않은 채 눈부시게 발전하고 있고 그 속도는 전문가들도 예측하지 못할 만큼 빠르다고 하니 우리는 이미 명실공히 4차 산업혁명의 한가운데를 살고 있다.

인공지능의 발전은 기존의 모든 가치를 뒤집어 놓을 것이다. 실시간으로 즉각적인 답을 주는 생성형 인공지능의 출현으로 더 이상 인간은 다른 인간과 맺는 관계에 매몰되지 않는다. 텅 빈 공허 안에 홀로 남겨지는 것을 결코 두려워하지 않게 되었다는 말이다. 이제 인류에겐 친구나 가족보다 더 소중한 '인공지능'이라는 존재가 생겼다. 따라서 인간은 더 이상 공허를 불안해할 필요가 없다. 우리에겐 언제든 말을 걸면 상냥하게 답을 주는 인공지능이 있기 때문이다. 어쩌면 4차 산업혁명 시대의 우리 인간은 스스로 자신이 사회로부터 단절되기를 자발적으로 원하고 있는지도 모른다. 그 외로운 공허 속에 고립된 채 홀로 존재하면서도 자신은 전혀 불안해하지 않는다고 믿고 있는지도 모른다. 이는 자신의 존재 자체를 아예 자각조차 하지 못하기 때문에 벌어지는 현상으로, 개인에게는 이루 말로 다할 수 없는 큰 불행이며, 사회적으로는 엄청난 재앙이 될 것이다.

이러한 거대한 변화의 흐름 와중에 인류는 또한 세계대전이란 두 번의 엄청난 전쟁을 겪게 되었고, 그 두 번의 전쟁은 광기에 사로잡힌 군중들을 보게 했다. 서로서로 죽이는 것에 아무런 거리낌이 없는 전쟁이 참혹한 이유는 인간의 가장 악랄한 본능이 가장 위대한 덕목으로 둔갑하는 잔인함에 있다고 나는 단언하겠다.

유대인이었던 아도르노는 단지 태생이 유대인이라는 이유만으로 그 광기의 제물이 되었다. 타고난 핏줄이 그러하다는 것 외에 딱히 잘못한 것도 없었다.

그러니 그러한 부조리의 세상 속에 존재하는 모든 사물과 인간은 당연히 유대인이었던 아도르노에겐 고통스럽게 보였을 것이다. 그 고통을 구제하기 위한 목적이 아닌 철학은 아도르노에겐 아무 힘이 없어 보였고 또 무용하기만 했다. 유대인으로 태어나 아무 잘못도 없이 쫓기는 국외자로 사는 삶을 살아야만 했던 그의 생각으로, 세상의 모든 만물은 각자 나름의 사연으로 인해, 태생적으로 갖고 태어난, 끊을 수 없는 고통을 모두 지니고 있으며 그 고통으로부터의 해방은 반드시 사회적인 것에서 그 방안을 찾아야만 한다고 믿었다.

사회적인 해방 없이 개인의 해방도 없다

아도르노는 고통을 느끼는 개인의 해방을 위해서는 사회적인 해방이 반드시 선행되어야 한다고 주장했다. 사회 전체가 비진리인 이상 개인의 옳은 삶이란 결단코 존재할 수 없다.

요즘 저출산이 엄청난 사회 문제로 대두되고 있다.

실상 인구는 진작부터 줄고 있었다. 아이들을 가르치는 처지에 있던 사람들은 벌써 체감하기 시작한 지 이미 꽤 오래되었다. 아파트 상가마다 미어터지던 그 흔한 피아노 학원이 썰렁해진 것이 대체 언젠데, 학교마다 5~60명씩 꽉 들어차던 한 반이 이제 20명도 겨우 넘을까 말까 한 것이 벌써 언제인데, 학교당 30명 정도가 정원이었던 피아노과의 정원이 여남은 명 남짓으로 전락한 것이 언젠데, 왜 이제 와서 이 난리가 난 것인지 위정자들의 센스가 그저 놀라울 뿐이다.

사회적으로 저출산 문제가 이렇게까지 화두가 되어 진지하게 논의되는 것은 불과 얼마 되지 않은, 비교적 최근의 일인 것 같다. 그 말인즉슨 이제 더는 돌이키기 어려운 극단의 상황까지 왔다는 뜻이다.

저출산 문제를 해결하기 위해 정부는 참으로 많은 문제들을 내놓았고 또 내놓고 있다. 일단 출산하기 위해서는 먼저 결혼을 반드시 해야만 하기에, 젊은 청춘남녀를 위해 서로 맞선을 주선해 주기도 했고 (엄청나게 비난만 받고 흐지부지되었다) 신혼부부를 위한 금전적 혜택을 주기도 하고 아이를 낳으면 일정 기간, 일정 금액의 지원도 아끼지 않으며 어떻게든 아이를 낳으라고 국가도 백방으로 애를 쓰고 있지만 솔직하게 생각해 본다면 젊은 사람들이 꼭 돈 때문에, 돈이 없어서 결혼을 안 하는 것일까?

물론 돈도 결혼을 '못'하는 중요한 요인임을 인정한다. 그러나 돈은 결코 결혼을 '안'하는 이유가 되지는 못한다. 많은 젊은이가 결혼하지 않는(못하는 것이 아닌, 안 하는 이유) 그들은 서로를 사랑하지 않기 때문이다. 사랑하는 사람이 없기 때문이다.

즉 '사랑'이라는 존재를 믿지 않거나 부정하거나 경험하지 못하(도록 남녀를 적대적으로 갈라치고, 사랑의 가치를 폄하해버리는, 또 물질적인 것을 성공의 잣대로 들이밀어 무한한 경쟁을 유발하는, 그리하여 도태된 자는 결혼할 자격조차 갖추지 못한 실패자로 굳이 낙인을 찍어버린)는 사회적인 환경에 있다.

이렇게 사회 전체가 사랑과 결혼에 대한 비진리에 휩싸여있는 한, 개인의 옳은 선택이란 불가능에 가까우리만큼 매우 어렵다.
그러나 이제는 그렇게 생각하는 사람들이 매우 적다. 사랑과 결혼이 미디어에 의해 획일화된 모습으로 상품화되어 대중을 완벽하게 선동한 것이다. 적어도 아파트 한 채, 적어도 차 한 대, 적어도 남들처럼, 적어도 뒤처지지 않게, 사랑이란 누군가를 진심으로 위하는 그런 신실한 마음이 아닌 눈으로 보여 증명이 가능한 조건이 되었다.

이런 고정관념에 선동이 되어 강요된 생각만을 할 수 있을 뿐인 탈주체화 사고의 수많은 사람이, 어쩌면 그렇게도 기적적으로 단 하나의 생각만을 똑같이 하는, 그런 비진리의 사회에선 개인의 자율과 개성 그리고 자유 등은 오히려 상실된다. 그런 상황에서 진정한 사랑은 애초에 불가능한 것이며 고작 뜬구름 잡는 속 편한 소리에 대해 불과할지도 모른다.

전통적인 가치관으로 생각해 본다면, 아니 그저 결혼이란 제도의 본질을 고민하여 본다면 결혼에 있어 필요한 단 하나의 조건은 오직 '사랑' 단 하나뿐이다. 그러나 이제 결혼에서 가장 먼저 배제되는 제1의 가치가 바로 '사랑'이다.

그 누구도 사랑하고 있지 않다는 말을, 사랑하는 사람이 없다는 말을, 나를 사랑해 주는 사람이 없다는 그 슬픈 말을 어쩌면 "돈이 없어서"라는 말로 달리 표현하는지도 모르겠다.

"당신의 사랑은 얼마인가요?"

이건 절대로 말이 안 되는 소리라는 것을 우리는 모두 알고 있다.
그러나 대부분의 사람이 저 말을 당연하다는 듯 아무렇지도 않게 하고 있다.

인간의 위선과 사회의 부조리를 풍자하는 서사적 연작으로 큰 인기를 얻었던 윌리엄 호가스(1697~1764, 화가, 영국)의 '결혼 풍속도' 시리즈 중 '유행에 따른 계약 결혼 1-결혼 계약'. 상견례를 하는 중의 신랑 신부와 그 아버지들. 맨 오른쪽 의자에 앉은 시아버지는 고기를 너무 많이 먹어 걸린다는 통풍에 걸려 발에 붕대를 감은 채 족보에 대한 일장 연설 중이며 족보의 시작은 시조 할아버지의 남근에서부터 시작한다. 맞은편에 앉은 장인은 혹시 하나라도 속지 않을까 예의주시, 안경까지 치켜올려가며 경청 중이다. 신랑은 신부에겐 눈길조차 주지 않은 채 거울을 보며 매독임이 틀림없는 목 주변의 검은 반점을 한 자기의 외모에 도취 중이고 신부 역시 그런 신랑에겐 관심조차 없이 (이 결혼을 성사 시킨) 중매쟁이로 추정되는 남자와 열심히 귓속말로 무언가를 상의하는 중이다. 아마 가진 것이라곤 돈이 전부인 미천한 가문 출신인 신부의 집안엔 그 출신을 세탁해 줄 '신분'이 필요했던 것으로 보이고 알량한 족보 외엔 별달리 가진 것이 없는, 빛 좋은 개살구, 허울뿐인 귀족인 신랑의 가문에는 막대한 자금이 들어오고야 마는, 그야말로 사랑이라고는 눈을 씻고 찾아봐도 찾을 수 없는, 정략결혼의 계약 현장이 적나라하게 표현된 풍자화다. 나는 이 그림을 보는 분들께 묻고 싶다. 이 그림이 표현하고 있는 저 상황이, 그리고 그 그림이 포착하여 제공하고 있는 저 장면이 정말로 좋아 보이는지, 진심으로 저렇게 살고 싶은 것인지를. 작금의 우리나라 청년들을 보다 더 많이 혼인에 이르게 하려고 사회가 제공할 것은 각종 대출제도와 같은 금전적 지원이 절대 아니다.(물론 그것도 매우 중요한 부분 중의 하나임은 인정하더라도) 사랑에 대한 가치관의 회복과 결혼이란 단어가 주는 진정한 참의미에 대한 가르침, 그것 외의 정답은 더 이상 없는 것이라고 나는 확신한다.

결혼에서 고려되어야 할 유일한 조건은 사랑 외엔 아무것도 없다.

유화라는 미술 기법을 최초로 만들어 미술사에 있어 지대한 업적을 세운 화가, 얀 반에이크(1390~1441, 화가, 네덜란드)가 그린 '아르놀피니 부부의 초상화'. 경건해 보이는 성혼의 장면을 담았다. 그러나 이 그림은 곳곳에 결혼이라는 성스러운 의식 이면에 감춰진 여러 가지 비밀스러운 이야기들을 마치 숨은 그림처럼 품고 있다. 성혼에는 신랑과 신부가 서로 오른손을 잡아야 하는데 저들은 신부가 신랑의 왼손을 잡고 있다. 정상적인 결혼이 아닌, 사연이 있는 결혼이라는 말이다. 부부가 되기로 맹세하는 남녀의 '창백한' 얼굴엔 기쁜 기색이라고는 전혀 찾을 수 없으며, 값비싼 가구에, 벽에 걸린 상아 묵주, 창가에 널브러진 오렌지들 등의 배경뿐 아니라 너무 길어 주체가 안 되는 신부의 드레스와 신랑의 복장 모두 과도하리만큼 고급스럽기 그지없다. 이 그림에서 찾을 수 있는 진정한 결혼의 의미란 어디에 숨겨진 무엇일까.

성형미인의 전성시대, 강요된 '미', 절대 권력의 기준이 되다!

요즘 TV를 보면 여자 연예인의 경우 얼굴을 자주 착각할 정도로 비슷한 경우가 많다.

성형이 낳은 가장 최대의 부작용이 내 견해로는 바로 이 부분인 것 같다. 개성의 말살, 아름다움의 일반화, 획일화된 미적 가치의 폭력적이며 무차별적인 적용.

아도르노는 이러한 현상을 '의식의 조작'이라고 했다.

자본주의 사회에서 돈을 벌기 위해선 가장 먼저 인간의 의식을 조작해야만 한다. 거짓된 욕구의 허상을 만들어내야 한다. 그리고 그 허상을 미디어와 활용할 수 있는 모든 매체를 동원하여 구체화하고 또 형상화하여 무차별적으로 유포한다. 거기에 비판을 가하는 것들은 모두 사전에 차단된다. 차단하는 방법 또한 미디어와 매체 등을 동원한 선동이다. 비판은 곧 도태, 혹은 실패임을 각인시켜 패배자로 낙인을 찍어버리는 것이다. 그렇게 거짓 욕망의 허상은 곧 진리가 된다. 욕망이 진리가 되는 것은 시간문제일 뿐이며 마침내 '종교'가 되어 모두가 오직 똑같이 생긴 단 하나의 욕망, 그것 하나만을 추앙하게 되는 단계까지 이른다.

막대한 자본을 벌어들이기 위해 대중의 의식을 조작하는 것. 이것이 작금의 문화산업이 미디어를 통해 이루고자 하는 유일한 목적이라고 아도르노는 말했다. 개개인이 추구하는 행복의 모습은 마땅히 다 달라야 하지만 미디어는 철저히 그것을 하나로 통일시킨다. 왜? 팔아야 하니까. 돈을 벌어야 하니까. 그것도 상상할 수 없을 정도로 많이.

욕망은 그렇게 선동을 먹으며 걷잡을 수 없도록 비대해진다.

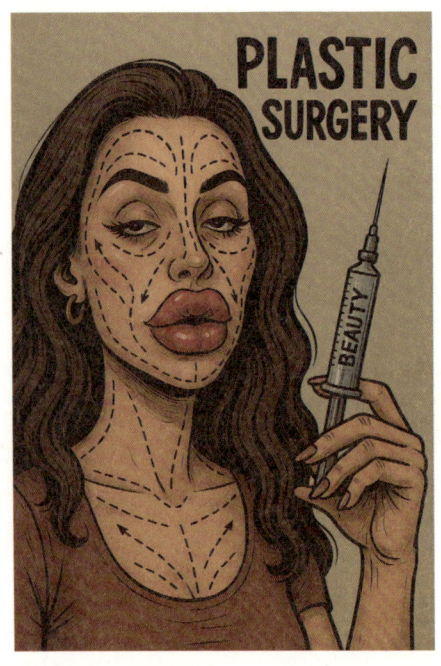

자본주의 사회에서 '아름다움'은 곧 권력이 된다. 표준화된 미의 기준은 미디어를 타고 끊임없이 전도되고 있으며 아름다움이란 권력을 차지하기 위한 여성들은 너도나도 자기 외모를 규격화하기 위해 자신을 가혹하리만큼 혹사하고 있다. 누구를 위한, 그리고 무엇을 위한 아름다움일까. (인공지능이 생성한 이미지)

'문화산업'

문화가 곧 '산업'이 되었으니 이제 문화예술을 통해서도 누군가에게는 반드시 돈이 떨어져야만 하는 의무와 책임이 생겨 버렸다. 이제 예술은 더 이상 순수하게 존재할 수 없다. 예술이 산업이 된 이상 돈을 버는 하나의 방식에 지나지 않을 뿐이다. 순수한 예술, 순수한 철학은 문화라는 범주 속에 발 디딜 틈이 없다. 그러한 환경 속에서 철학과 예술은 오직 '저항'이 된다. 이 '문화산업'이란 단어를 아도르노가 **계몽의 변증법**이라는 책에서 가장 먼저 사용했다. 오직 자본을 위해 계획된 문화산업은 대중에게 그 어떤 빠져나갈 구멍조차도 허락하지 않을 정도로 매우 치밀하게 설계되었다. 치밀하게 설계된 허상에 길든 욕망은 다시 누군가에게 복제되고, 사회 구성원 모두를 통해 욕망은 복제의 복제를 거듭하여 굳어진다. 이러한 개인의 '탈주체화'는 인간에게 성찰의 기회마저 박탈한다는 점에서 매우 큰 불행이다.

선과 악의 구분 역시 마찬가지다.

미디어는 교묘하게 감동적인 코드를 집어넣어 선과 악의 경계를 가차 없이 허문다.

몇 년 전 나는 '밀수'(2023년 작품, 류승완 감독)라는 영화를 보았다. 아주 재밌는 영화였고 그 영화를 거론하는 것은 영화 자체를 비판하거나 영화의 완성도를 평론하고자 하는 것이 절대 아님을 미리 밝혀둔다. 나에게는 그럴 자격이 없다.

 나는 이제 매우 큰 용기를 내어 그 영화를 보던 '**대중**'을 비판하고자 한다.

 영화 속의 대결은 조폭과 밀수하는 해녀 무리간의 대결이었다. 그러므로 여기엔 선과 악의 구도란 애초에 존재할 수 없다. 조직폭력배들도 악이요, 밀수하는 해녀들도 그저 악일 뿐이다. 악의 존재에 더 나쁘냐, 덜 나쁘냐의 판단이 무슨 의미가 있나.

 나도 이 영화를 극장에서 관람했다. 관람하던 중 조폭 무리와 밀수 전문 해녀 무리의 쫓고 쫓기는 추격 장면에서 해녀들이 아슬아슬하게 조폭 무리를 따돌리고 도망치는 것에 성공하자 객석에서는 난데없는 박수가 터져 나왔다. 그들에게 밀수하는 해녀들은 상대적으로 조직폭력배보다 '여성'이며 '약자'이므로 자신들의 응원을 받는 것이 타당하다고 판단한 것으로 보였다. 그러나 진리로 판단하자면 그들 모두는 그 누구의 응원을 받아서도 결코 안 되는 고작 범죄 집단에 불과하다. 보다 덜 나쁜 것은 절대로 선이 아니다. 상대적 약자가 무조건적인 선도 아니다.

 영화적 스토리는 악과 악, 창과 창의 대결이었으나 스토리의 흐름에 그 인식을 놓쳐버린 대중에겐 그저 남과 여의 대결 구도였으며, (싸움에 있어서는) 강자와 약자의 대결이 되어버린 것이다. 그냥 영화적인 싸움이 일어났을 뿐인데, 교묘하게 선동당한 관객은 그것을 선과 악의 대립으로 착각하고 있었다.

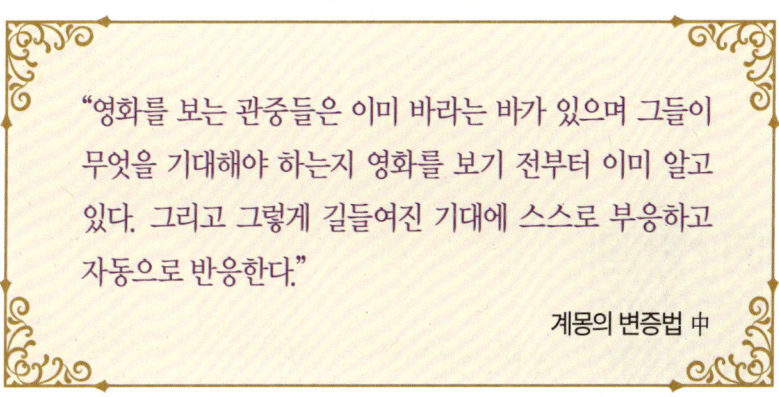

"영화를 보는 관중들은 이미 바라는 바가 있으며 그들이 무엇을 기대해야 하는지 영화를 보기 전부터 이미 알고 있다. 그리고 그렇게 길들여진 기대에 스스로 부응하고 자동으로 반응한다."

계몽의 변증법 中

미디어를 통한 이러한 대중의 '생각 길들이기'는 정치적으로도 매우 유용한 수단이 된다.

히틀러는 자신을 미화하고 신격화하기 위해 '영화'라는 매체를 자주 이용했고 그 영화 안에 여러 장치들을 만들어 자신을 결코 그 누구도 넘어설 수 없는 신적인 존재로 인식하도록 빈틈없이 연출했다. 일례로 히틀러는 그가 등장하는 영화에서 많은 장면 비행기에서 내리는 것으로부터 등장한다. 자신이 결코 일반적인 사람들은 넘어설 수 없는 신적인 존재임을 암시하고자 하는 매우 계산된 연출이었다.

나치 선전영화의 최고봉으로 여겨지는 다큐멘터리 영화 '의지의 승리(Trimph des willens, 1935년 작, 레니 리펜슈탈 감독)'의 첫 장면 역시 구름 위를 나는 비행기가 땅으로 내려앉은 후 그 문을 열고 나오는 히틀러를 향해 환호하는 군중의 모습으로부터 시작하는 것으로 유명하다. 이는 히틀러를 하늘에서 내려오는 '신적 존재'로 연출하려는 의도였다는 해석은 역사적으로도 이미 인정받고 있다.

영화 '의지의 승리' 전작 보기

나치에 열광했던 대중 역시 탈주체화 된 개인을 보여주는 가장 좋은 예

　　미디어에 의한 계산된 연출은 대중에게 주술적인 주문이 되어 머릿속에 깊이 각인된다. 각인된 주술적 주문은 대중의 머리에 '강요된 인식'을 만들고, 강요된 인식으로 무장한 대중은 아무런 죄책감과 책임감을 느끼지 못한다. 그것을 아도르노는 '미메시스의 미메시스'라고 했다.

　　미메시스의 미메시스. 모방이 낳은 또 다른 모방.
　　모두가 하는 행동대로 모두가 서로를 모방하여 행동하는 것은 강요된 사고만을 하고 있을 뿐인 세뇌된 무리에겐 더없는 편안함이다. 선동된 주술로 세뇌되어 사고를 잃어버린 사람은 타인을 때리고도 행복할 수 있다. 이것이 탈주체화의 가장 무서운 점이다.

영포티에 대한 불편한 진실

2025년 현재, 대한민국에서는 영포티라는 신조어가 만들어져 논쟁 중이다. 젊어 보이고자 하는 40대들이 20대의 패션을 추구하며 젊어 보이기를 애쓴다는 측면에서 젊게 사는 삶에 대한 긍정의 의미도 있고 또 나이답지 않음을 비판하는 부정적인 의미도 있다. 그리고 그 두 상반된 의견들끼리의 치열한 논쟁이 가열되는 중이다. 그 가열 찬 논쟁의 한가운데 바로 적개심이 있다.

인공지능(챗지피티)이 재창작해 준 최근 열풍이 된 영포티를 형상화 한 이미지

현실 속 우리가 현재 겪고 있는 영포티에 대한 무차별적인 적개심도 나는 이와 동일한 현상이라고 본다. 이런 이간질로 인해 이득을 보는 집단이 분명히 어딘가에는 존재하고, 그 필요로 미디어의 선동은 시작되며, 선동된 대중은 서로의 생각을 모방하며 강력하게 결속하기 시작한다.

미메시스의 미메시스, 즉 모방에 모방이 더해지고 반복되어 이루어져 서로가 서로를 향한 결속이 시작되면, 대중의 생각은 반드시 극으로 치닫게 마련이며, 그렇게 선동되어 결속된 대중에겐 〈죄책감〉이란 없다. 죄책감이 결여된 적개심엔 그 한계 또한 없다.

이유를 불문하고, 아무리 타당한 이유가 명백하게 존재한다 하더라도, 특정 대상을 향한 돌이킬 수 없는 적개심은 불필요하다. 피투성이가 되도록 서로 싸우지만 그 누구도 승리하지 못한 채, 결국 모두 패자가 될 뿐만 아니라 누군가는 이 처절한 싸움을 통해 막대한 이득을 보며 회심의 미소를 짓고 있을지도 모른다는 것. 바로 그것이 작금의 사회 전반에 걸친 그 어떤 모습의 적개심이라도 반드시 거두어야만 하는 분명한 이유다. 정당한 분노가 누군가의 주머니를 불려주는 수단으로 전락해서는 결단코 아니 되기에, 분노는 대상이 아닌 시스템을 향한 것이어야 마땅하다.

영포티는 없다.

어떠한 목적과 필요에 의해 선동된, 광분한 사람들만 있을 뿐이다.

광기 어린 사람들

유대인이었던 아도르노는 유대인에 대해 광기 어린 분노로 사로잡힌 광분한 군중들을 피해 고국을 떠나 영국으로 망명했다. 앞서 말했듯이 니체도 '이웃을 사랑하라는 기독교적 사랑에 그토록 매달리면서도 유대인을 박해하는 것이 어찌 가능하냐?'고 반문했는데 아도르노는 같은 생각을 조금 다르게 말했다. 믿음의 종교에 동참하지 않는 자는 곧 적 즉 사랑할 필요가 없는 존재로 못이 박혀버린다는 것이다.

그러나 이는 기독교의 원래 정신이 아니다. 예수를 따르던 무리는 세리와 이방인, 사마리아인, 창녀, 고아, 나병환자 등 이 땅에 존재하는 아프고, 상처받았으며 버림받은 모든 사람이었다. 예수께선 그들의 출신과 삶의 과오를 이유로 들어 그들을 내치지 않으셨다. 그러므로 사람이 사람을 서로 사랑하는 데 결코 차별은 존재할 수 없다. 사랑할 수 없는 사람이란 없다.

세상의 그 어떤 종교도 적개심을 용인하는 종교는 없다.

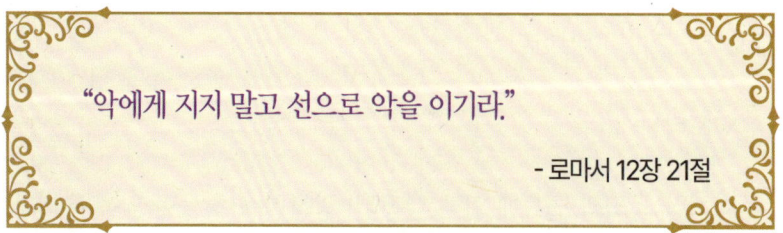

"악에게 지지 말고 선으로 악을 이기라."

- 로마서 12장 21절

이 작품은 히에로니무스 보스(Hieronimus Bosh, 1450?~1516, 네덜란드)의 '십자가를 지고 가는 예수'라는 그림이다. 고통과 평온이 교차하는 차분한 예수의 얼굴 주변으로 온통 기괴한 얼굴의 대중이 있다. 죄 없는 예수를 죽인 광기 어린 대중, 이곳 어디에 내 얼굴은 없는 것일까?

예술은 돈과 결탁할 수 없다.

예술은 시장원리에도 좌지우지되어서는 아니 된다고 했다.

돈을 위해 창작된 예술 작품은 반드시 '오락'이나 '무지한 상품'으로 전락할 가능성이 크다고 했다. 아울러 예술 작품의 시장 가치를 높이기 위해서는 작품 및 예술가에 대한 과대 포장과 망상, 그 망상을 위한 온갖 거짓 장치들을 동원할 수밖에 없다. 온갖 거짓에 의해 그 몸값이 부풀려진 작품을 과연 예술의 범주 안에 포함될 수 있을까.

그러나 시장 논리에 의존하거나 좌우되진 않을지언정 예술가도 이 냉정한 자본주의 세상을 살아야만 하므로 아도르노도 결국 예술이 시장 논리를 수용할 수밖에 없는 처지를 이해한다고 했다. 예술가도 땅을 파서 먹고 살 수는 없는 노릇이기에 우리도 우리의 재능을 통해 '노동'을 해야만 한다.

그러므로 예술은 '교환 불가능성'인 존재를 받아들이며 교환가치에 대해 언제나 비판적인 입장을 갖는 것으로 자본과 화해할 수 있다.

예를 들어 이중섭의 그림은 그의 사후에 인정받았고 그 그림의 가치, 즉 가격 또한 그의 사후에 형성되었다. 내 말은 그림의 가격은 반드시 작가의 사후에 형성되어야만 한다고 말하는 것이 아니라 그림의 가격을 예술가 스스로 정해서는 아니 된다고 말하고 싶은 것이다. 자신이 자기 그림을 그려놓고 천만 원, 일억 등의 가격을 작가 스스로 혹은 작가의 매니지먼트를 담당하는 갤러리가 매겨버리는 그런 작금의 세태에 대해 나 역시 매우 아주 비판적이라는 말이다.

작품의 가격은 그 작품을 원하는 사람들에 의해 형성되어야만 한다.

그림의 가치는 감상자와 그림의 구매를 원하는 구매자들의 몫인데 요즘의 예술은(특히 미술) 작가 스스로 자신의 작품에 대한 가치를 시장의 평가보다 '먼저' 매겨버리는 것은 논리가 전혀 성립되지 않는다는 말이다. 작가가 자신이 그린 그림의 (시장원리에 따른 교환) 가치를 일방적으로 '일억'으로 산정해 버렸다고 했을 때 "그 근거가 뭐냐"는 질문에 대답할 수 있는 작가는 아마 단 한 명도 없을 것이다. 그냥 '일억'을 받았으면 좋겠다는 희망이 작가의 솔직한 심정이지 않을까. 이렇듯 예술의 가치는 작가 스스로 매길 수도 없고, 전적으로 시장원리에 의해서만 결정되는 것도 아니라고 생각한다.

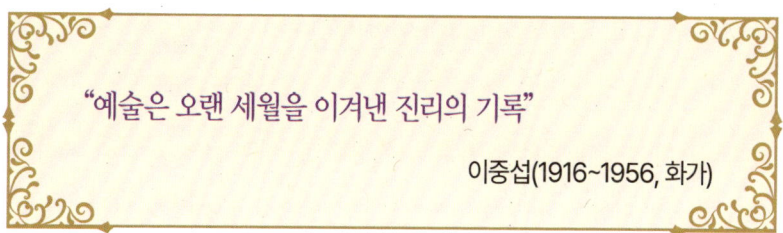

"예술은 오랜 세월을 이겨낸 진리의 기록"

이중섭(1916~1956, 화가)

철학과 음악 사이, 에필로그

'존재의 밝음 안에로의 탈존'은
인간을 인간이게 한다.

    몇 년 전, 내게 피아노를 배우던 고3 학생이 자신의 '수능 모의고사' 국어 문제지의 한 문제를 보여주며 자신은 도무지 모르겠으니 혹시 읽어봐 주실 수 있냐고 어떤 지문을 보여준 적이 있었다. 그때 제자가 내게 보여준 지문이 바로 철학자 아도르노의 글 일부분을 발췌한 것이었다. 지문을 읽어 내려가는 그 짧은 순간, 나의 영혼은 뜨겁게 달아오르며 심장은 쿵쾅대기 시작했었다. 제자에게 내용을 요약하여 설명해 주던, 그러면서 정답을 찾아주던, 그때의 나는 분명 흥분했었다. 그 짧은 순간의 그토록 짧은 글은 내 영혼을 그토록 흥분시킬 만큼 매우 납득이 되고 흥미로웠던 그런 이야기였다.

    오랜 시간이 흘렀으나 아직도 선명하게 기억나는 그 글의 내용은 예술가들의 이상은 일반적인 사람들보다 항상 더 높게 형성이 되는데 얼마나 높게 형성이 되어있는지, 현실의 자신은 그 이상을 따라가지 못할 만큼, 아예 저 높은 곳에 있다는 것이다. 인간이라면 모두가 다 이 상과 현실의 괴리를 느끼게 마련이며 어떻게든 그 괴리 안에서 살아가게 되어있다. 그 괴리를 수용하고 받아들이든, 체념하든. 그러나 예술가들은 이상과 현실의 그 괴리(차이)가 일반적인 사람들보다 훨씬 더 커서 그들은 늘 불행할 수밖에 없다고. 그 불행의 근본이 되는 감정은 **'자기혐오'**라는 내용이었다.

많은 사람의 관심을 받고 사실상 늘 많은 사람과 함께이지만 본질적으로는 외로운 삶을 살아가는 예술가란 존재를 인공지능(챗지피티)을 사용하여 그려보았다.

자기혐오를 멈추는 오직 그 순간, 타인을 향한 사랑이 가능하다.

그러나 인간이라면 자기 자신을 반드시 사랑해야만 한다. 이유는 그래야만 우리는 타인도 사랑할 수 있는 내면의 능력이 생기기 때문이다. 자신을 사랑할 수 없는, 즉 자기혐오를 멈추지 않는 사람은 결단코 타인을 사랑할 수 없으며, 누군가를 사랑할 수 없는 삶은 불행 그 자체일 뿐이니까.

> "사람이 나를 싫어할 성싶은데 나도 사실 내가 싫다. 이렇게 저를 사랑할 줄도 모르는 인간이 남을 위할 줄 알 수 있으랴. 없다. 그러면 나는 참 불행하구나."
>
> 공포(恐怖)의 기록(記錄) 중 - 구한말의 소설가, 이상

"오늘 연습 잘 됐어?"

내가 자주 듣는 질문이다.
그리고 나는 항상 같은 대답을 해준다.

"연습은 잘 되는 날이 단 하루도 없어!"

연습하면 당연히 한 만큼 뭔가가 변하고 발전하며 나아지겠으나 그 변화보다 나의 이상은 훨씬 더 위로, 그리고 더 위로 빠르게 달아나 버릴 뿐이다. 당연히 오늘의 나는 어제의 나보다 훨씬 발전했겠지만 그 발전은 느낄 수 없는 것이었다. 오늘의 나는 그저 늘 불만스러웠다. 그렇게 나에 대해 늘, 연민과 혐오를 오가는 그런 감정 속에 살았다.

짧은 지문은 그런 내게 너무나 큰 위로였다.

집으로 돌아간 후, 나는 바로 '아도르노'에 대해 검색했다. 검색하다 보니 음악을 전공한 철학자 있는 것을 알게 되었다. **바로 그때부터 내 꿈은 오직 '아도르노'였다.**

계몽의 변증법, 미니마 모랄리아, 신음악의 철학, 그리고 미학이론을 읽었다. 그의 5대 저서 중 4권을 순식간에 읽은 것이다. (글을 쓰기 시작한 건 2023년, 그리고 글을 마무리하는 현재는 2025년, 그 2년의 세월 동안 나는 부정 변증법까지 다 읽었다. 마침내 그의 5대 저서를 모두 다 읽은 것이다. 나는 아직도 '아도르노'를 꿈꾼다. 그의 저서, 『신음악의 철학』처럼 음악으로 사회의 모든 현상과 시대상, 시대를 살아가는 사람들의 마음을 분석하는 그런 멋진 철학서를 내는 꿈을 갖고 있다. 그 꿈을 위한 첫걸음으로 『철학과 음악 사이』이 책을 내게 된 것도 못내 기특하다.)

읽다 보면 그 내용 안에 헤겔도 나오고, 칸트도 나오더라. 그러면 나는 그 언급된 철학자의 책을 또 구매해서 읽었다. 읽다 보면 또 다른 여러 철학자가 내용 안에 등장한다. 쇼펜하우어, 니체, 그리고 그 외에 다른 수많은 철학자. 그들은 서로의 철학을 때론 긍정하고 때론 부정하면서 서로서로 계승하기도 하고 또 반목하기도 하면서 한층 더 발전된 철학을 세상과 인류를 향해 쏟아내고 있었다.

> "내 지식 안에 실재가 결여되어 있는데, '이상'이 무슨 쓸모가 있단 말인가! 진실로 타는 듯한 갈증이 나를 사로잡았다. 그때부터 나는 실로 생리학과 의학과 자연과학을 연구하는 것 외에는 아무것도 하지 않았다."
>
> '인간적인, 너무나 인간적인' 中, 니체

니체가 고백한 저 타는 목마름과 같은 심정으로 나도 내 지적 능력이 허락하는 한 최대로 많은 철학 서적을 읽었고, 그 읽은 내용들을 서로 다른 철학자들의 철학과 비교해 가면서 나름으로 '철학적' 연구라는 것에 미친 듯이 몰두했다. 이유는 너무나 단순했다. 그것은 정말 너무나도 재미있는 일이었으니까.

"철학이 재미있다고?"

아무도 나의 말에 동의하지 않는다.

나는 조금 쓸쓸하고 많이 외로웠다만, 사람들에게 내가 느낀 재미를 알려주고 싶었다. 그리고 음악이 마치 피겨스케이팅처럼 기술의 정확한 구현 정도에 의해서 1, 2, 3위가 결정되는 스포츠가 절대 아니라는 점, 많은 음악가가 각자 세상을 바라보는 자기만의 철학을 자신의 연주와 작품 안에 담고 싶어 한다는 점도 아울러 알려주고 싶었다. 1, 2, 3위에만 의미를 둔다면 세상에 이토록 많은 예술가가 존재해야 할 이유가 단 하나도 없다. 그러나 이토록 많은 예술가들이 전부 다 다른 철학을 갖고 각기 다른 해석을 지닌 자신만의 무언가를 내놓는다는 것을 우리가 잊지 않는 한, 세상은 세상에 존재하는 예술가들의 숫자만큼이나 다양하고 다채로운 색채를 지닌 아름다운 곳이 된다.

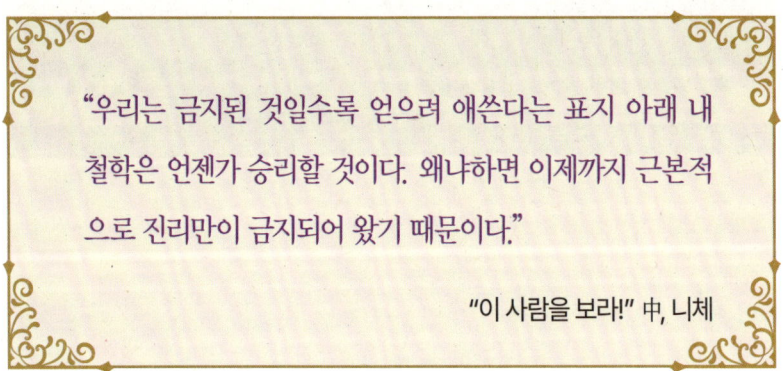

"우리는 금지된 것일수록 얻으려 애쓴다는 표지 아래 내 철학은 언젠가 승리할 것이다. 왜냐하면 이제까지 근본적으로 진리만이 금지되어 왔기 때문이다."

"이 사람을 보라!" 中, 니체

니체의 저 말을, 책을 통해 읽으면서 나는 마음이 좀 아팠던가.

그러나 그 누구도 우리에게 진리를 금하지 않았다.
진리를 금한 것은 우리 스스로이다.

'존재의 밝음 안으로의 탈존'을 멈추지 않는 한 인간은 인간일 수 있다.
(하이데거의 저서 『존재와 시간』 中)

진리를 탐구하는 한, 플라톤이 말한 대로 우리가 우리들의 영원한 본향인 이데아를 찾아 떠나는 거룩한 '사랑'의 여정을 멈추지 않는 한, 인간은 참된 인간일 수 있다.

우리는 진리를 사랑해야만 한다.

그것이 대저 암흑에 휩싸인 작은 방 안에서 공포에 오들오들 홀로 떨고 있는 나 자신을 구원하는 유일한 빛이요, 인공지능이 제공하는 편리함에 취해, 덩그러니 허공에 홀로 남은 줄도 미처 깨닫지 못하는, 이 4차 산업혁명의 시대, 영혼과 유리된 채, 육신만 덩그러니 남은, 안쓰러운 인간의, 간절하고도 유일한, 진실 된 위로가 될 것이기에.

철학과 음악 사이
그 무한대의 간극을 헤엄치며 사유가 선사하는 극한의 행복을 살고 있는
_어느 피아니스트의 진심 어린 고백, 2025. 11월에, 서울에서

송하영

| 학력 |

선화예술학교 졸업
선화예술고등학교 재학 중 도러
러시아 차이코프스키 국립 음악원 졸업
(The National P.I.Tchaikovski Academy of Music, 성적 우수자 명예 졸업-Diplom with honor, The Master Dgree of Fine Art, 1999)
오스트리아 국립 음악원 연수
캐나다 토론토 대학(UT) 아티스트 디플롬(AD)(2007)

| 수상 |

Spain, Madrid, Nvova Acropolis 국제 콩쿠르 Finalist(1998)

| 연주 |

호로비츠 페스티발 갈라콘서트 참가 및 연주 (키에브 국립극장,1995)
말레이시아 국립대학교 (University Putra Malaysia) 교수 음악회(2000)
양평 군민회관 대강당 피아노 초청 독주회(2004)
예술의 전당 리사이틀홀 피아노 독주회 (2004.7.13)
장천 아트홀 인필오 오케스트라 협연 (2010)
영산 아트홀 국제 피아노 음악 협회 제7회 정기 연주회 (2010.11.22)
부암 아트홀 토요 초청 연주 (2011.4.16)
영산 아트홀 피아니스트 송하영독주회 (2011.5.28)
피아노트리오 "지그" 창단연주회(2011.11.24/부암아트홀)
금호아트홀 피아니스트 송하영독주회(2013.8.18)
피아노트리오 "지그" 일본 오사카 한국문화원 초청공연(2013.10.6)
국제피아노음악협회 제9회정기공연/영산아트홀 (2013.11.19)
피아노트리오 "지그" 세종문화회관 체임버홀 단독공연(2014.12.28)
2014 연중기획 가곡마을 나음아트홀 초청 피아니스트 송하영과 함께하는 토크콘서트
2015 (주)웰라이프 파견예술인
순천가곡예술마을 국제가곡제 러시아편 출연(2016.10.8/베이스 황상연 동반출연)
금융과 행복 네트워크〈머니머니해피〉토크쇼(2018.9.8)

고도원의 아침편지 문화재단 송년 음악회(2018.12.31)
일민 미술관 〈불멸사랑〉 콘서트 시리즈 출연(2019.4.20)
"살랑살랑 충북" (한국관광공사, 문화체육관광부 후원)
책톡 (고도원 작가, 피아니스트 송하영, 2019.5.19)
서울시 캠퍼스 지원 사업 이문 107 초청 독주회(한국 외국어 대학, 2020.9.23)
서울장미축제 로즈 뮤직 페스타 협연(with 코리안 심포니, 2022.5.8)
대전 한빛타워 송년 음악회(2022.12.17)
뭉쳐야 클래식, 뭉클, 월 1회 정기 공연(2020.7 ~ 2024.12)

| 강연 |

송파 여성 문화회관, 동장구청 평생 학습관, 대구 구수산 도서관,
대구 계명대학교, 한국외국어대학교 평생 학습관,
연세대학교 RC 하우스 프로그램,
고도원의 아침편지 문화재단, 꿈 너머 꿈 국제학교,
목원대학교 문화예술원 등에서 2020년부터
현재에 이르기까지 클래식 인문학에 관한
강연 및 강의를 출강한 바 있다.

| 저서 |

『어느 피아니스트의 서시 그리고
음대로 가는 길(청소년 권장 도서)』,
『마음아 괜찮니』 등의 저서와
『유비백세』, 『책 쓰기, 인공지능이 묻고
인간이 답하다』 등의 공저가 있다.

철학과 음악 사이
천재 음악가와 철학자의 운명적 교집합

초판 발행 | 2025년 11월 28일

지은이	송하영
펴낸이	안호헌
에디터	윌리스
펴낸곳	도서출판 흔들의자
출판등록	2011. 10. 14(제311-2011-52호)
주소	서울특별시 서초구 동산로14길 46-14. 202호
전화	(02)387-2175
팩스	(02)387-2176
이메일	rcpbooks@daum.net(원고 투고)
블로그	http://blog.naver.com/rcpbooks

ISBN 979-11-86787-69-4 03100
ⓒ 2025 Song Ha-young. All rights reserved.

* 이 책은 저작권법에 따라 보호받는 저작물이므로 무단 전재 및 무단 복제를 금지합니다.
  따라서 이 책 내용의 전부 또는 일부 내용을 재사용하려면 사용하기 전에 저작권자의 서면 동의를 받아야 합니다.
* 본 도서에 실린 일부 그림은 AI 생성 도구를 활용하여 제작되었으며, 2차 가공 및 상업적 이용은 저작권자인 송하영의 사전 허가 없이 금지됩니다.
* 이 도서는 2025년 문화체육관광부의 '중소출판사 도약부문 제작지원' 사업의 지원을 받아 제작되었습니다.

* 책값은 뒤표지에 있습니다.
* 파본이나 잘못된 책은 구입하신 곳에서 교환해 드립니다.